Joven poesía española

Antología

Letras Hispánicas

Joven poesía española

Antología

Selección de Concepción G. Moral
Introducción de Rosa María Pereda

CUARTA EDICION

CATEDRA

LETRAS HISPANICAS

Cubierta: Sofía Madrigal

Índice

8

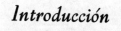

Introducción

Acerca de una poética nueva

1963. Aparece en Barcelona *El mensaje del tetrarca*[1], libro juvenil y brillante, el primero del que más tarde será considerado como *el delfín* de los jóvenes poetas. Pedro Gimferrer, que, al madurar hasta el indudable escritor que es hoy se irá apartando hacia su voz actual, inconfundible, presenta ya en esta edición, esa colección de síntomas, de elementos y de alguna manera, el tono de la ruptura de que es primera señal. Es el primer libro temprano, el ensayo general. Pero, además de Saint-John Perse al que el libro está encomendado, aparecen entre sus versos exteriores, modernistas, descriptivos, las sombras de esas lecturas insólitas entonces en el panorama poético español y que, en cambio, van a fructificar en esta generación de poetas, en estos quince años de poesía joven a que se refiere esta *antología*.

Efectivamente, y ya desde esta primera piedra, la generación se verá marcada y propiciada por el encuentro con los viejos maestros, la *Generación del 27*.

---

[1] Gimferrer, Pedro, *Mensaje del tetrarca*, Barcelona, Trimer, 1963.

11

Una recuperación selectiva, que no trae, al menos al principio, el bloque de aquellos primeros poetas modernos españoles, sino que se ciñe a tres maestros: Vicente Aleixandre, fundamentalmente; un Lorca compartido con los inmediatamente anteriores, pero del que se selecciona sobre todo *Poeta en Nueva York*, y Luis Cernuda.

En los talleres principiantes, en sus estanterías de jóvenes ávidos, hay, además, traducciones francesas, inglesas, alemanas: es ésta una generación muy lectora, en contraste con la poesía imperante, con preferencias claras: Románticos, Metafísicos, Surrealistas. Y, en casi todos los nombres integrantes de esta colección de poemas, las lecturas coinciden con las fobias: se rechaza la generación del 98, y no sólo en poesía; se abomina de la llamada *poesía social;* se huye de intimismos más o menos becquerianos, y, mientras se reivindica la limpidez verbal, los poetas desprecian el *lorquismo* de concurso.

El grueso de los libros antologados en este texto aparecerán alrededor de 1968 —lo que ha permitido a algunos críticos llamarles «la generación del Mayo»— y, muy poco después, la antología que funcionará como aldabonazo en las conciencias, como aglutinante y como señal de que *algo nuevo* está ocurriendo en las letras españolas: la de José María Castellet, *Nueve novísimos poetas españoles* [2].

Ya en ella, especialmente en alguna de las *poéticas* incluidas, se expresa la negativa de los poetas a dejarse insertar en grupos, tendencias, escuelas o generaciones. Aquélla era una antología de combate, a la que hasta ahora es obligatorio referirse, que trataba de señalar marcas estéticas de ruptura, señales generacionales, elementos fun-

---

[2] Castellet, José María, *Nueve novísimos poetas españoles*, Barcelona, Barral Editores, 1970.

cionales de lo que parecía ser un movimiento cultural y literario. Aquí no: cuando hasta ahora se ha hablado de *generación* se hacía con un criterio fundamentalmente cronológico, y los mecanismos, las preferencias, los rasgos mostrados como diferenciales, no son unánimes en todos los poetas antologados, si bien —éstos y otros— pueden situarse en el centro definitorio de la poética real[3] de la mayoría de ellos.

El estudio del funcionamiento de estas supuestas constantes en los poetas que nos ocupan pueden dar luz sobre un problema que trasciende a cada uno de ellos, incluso, que trasciende a estos quince años de creación *novísima*. Y parece que lo que deberá ser definido como poética general funciona a la manera de los círculos concéntricos, fuertemente presente en un núcleo central, y difuminado en corrientes cada vez más tangenciales. Hay, además, y como marca de la época, estéticas paralelas, restos o avances vanguardistas, tentación en la que, con mejor o peor fortuna, con mayor o menor interés, incurrieron muchos. Y, además de esta definición global de la

---

[3] Se entiende aquí por *poética real* esas formaciones de la atención selectiva y de la creación, en torno a las que se articula la escritura concreta de un poeta, y el término es lo bastante amplio como para ser aplicado a la escritura en prosa. El concepto ha sido eclécticamente tomado de los formalistas y estructuralistas, y especialmente del Umberto Eco de *Obra Abierta* (Barcelona, Seix Barral, 1965), y vale en tanto puede ser opuesto al concepto de *poética expresa*. La oposición se basa, naturalmente, en la conciencia de que elementos fundamentalmente activos en la escritura son inconscientes o irrazonados en el escritor, y en que muchas veces, esas declaraciones de principios escriturales, que los mismos autores consideran como propios, responden en realidad a criterios voluntarios y extraliterarios. Por otra parte, este concepto parte del texto como única realidad analizable, y se opone también al clásico de poética como normativa.

conducta estética de las generaciones, convendrá plantearse el sentido mismo de la noción de *vanguardia*.

Lo que había, lo que hay

Cuando esta generación irrumpe —nada que ver con grupos poéticos anteriores: no hay revistas propias, no hay manifiestos comunes, no hay fechas generacionales que se sitúen en el interior del grupo, no hay, por no haber, grupo: todo lo más, amistades que no se refieren a presupuestos iguales, pero que tal vez vienen dadas por secretas afinidades, y de ninguna manera incluyen a la totalidad de los antologados aquí —cuando esta generación irrumpe conviven en la confusa geografía de la poesía española un montón de tendencias heredadas o remodeladas, una docena de nombres en producción, con los que estos poetas reaccionarán.

De la *Generación del 27*, Gerardo Diego, del que se relee la *poesía de creación*, más como puente activo hacia las vanguardias de primeros de siglo que por ningún afán aprendiz, ha dejado derivar su verso hacia otras preocupaciones y otras circunstancias. Su magisterio —esencialista y tradicional en la forma, aunque continúa usando de su fondo imaginístico surrealista y ultraico en lo más libre de su producción— se perpetúa en los hombres de la generación de los cincuenta: en José Hierro, particularmente. Larrea resucita de su exilio argentino, de la mano de una bella edición italiana de *Versión celeste* [4], para iluminar indagaciones extremas. Cernuda, muerto en 1963, se lee

---

[4] Larrea, Juan, *Versione celeste*. (Con introducción y traducción de Vittorio Bodini.) Turín, Einaudi, 1969. (En castellano, Barcelona, Barral Editores, 1970.)

en ediciones mexicanas y cubanas, casi clandestinas, y se siente desde el principio como maestro, papel que no ocuparán ni Guillén, ni Salinas, ni el mismo Alberti, reivindicado éste más por su militancia y su última producción que por los primeros poemas surrealistas, más cercanos a la sensibilidad naciente. (Guillén será readmirado mucho más tarde, de modo muy selectivo, y por una minoría en esta minoría: vía Valente). Por Vicente Aleixandre, maestro vivo y contacto fecundo, en plena producción, se lee a Lorca, que, en cualquier caso, ha sido ya admitido, previo falseamiento de datos significativos de su vida y de su obra, por los poetas más *oficiales*. Y será Aleixandre, y con él lo mejor del 27 —el verso largo y desrimado, los vocativos presentadores de la realidad, que vuelven el verso casi transparente para dejar paso a la vista sorprendida de un mundo objetivo y separado, gozoso; el relato contenido en los sentimientos, hasta cuando el lenguaje, sorprendente se exalta y alza; ese tono a veces mesiánico, abalanzado a lo profundo del mundo, recreado en el sentimiento de acuerdo con la naturaleza, y sobre todo, esa limpieza de la imagen surreal, trabada en el ritmo pausado de la comunión con el último hombre, con la última luz natural —es Vicente Aleixandre el verdadero maestro, con el que se practica el encuentro personal, el intercambio de opiniones y se recibe la crítica —siempre elegante y suave— y el apoyo incondicional o condicionado sólo al *fair-play*.

La conciencia de que nada puede perderse, de que un hilo debe quedar desde los maestros en el exilio —interior o exterior, tanto da— lanza a estos jóvenes a la búsqueda de los *eslabones perdidos*. Y los hay.

Por un lado, y muy principalmente, hay que reseñar el trabajo de Manuel Álvarez Ortega en su doble vertiente de traductor y poeta. Este andaluz especial, marginal incluso al acantonado *grupo Cántico,* es una voz en el desierto madrileño. Conserva él, en medio de la poesía social dominante —si es que se puede llamar dominio a lo que ejerce esta *escuela*— una conciencia clarísima de que poesía es lenguaje y sorpresa, de que es insólito contacto de palabras que deben ser cuidadosamente elegidas. Reencarna, del surrealismo y la curiosidad cultural, el sentimiento profundo y metafísico de sus contenidos, las referencias confesas y cultivadas, el sentido del azar. Hay en toda su producción un hilo de coherencia en la reescritura de viejos sentimientos, en la reelaboración de tópicos —sentimiento de amor, fugacidad del tiempo y de las cosas, presencia de la muerte— con fórmulas y palabras nuevas, y ese color pausado, contenido, andaluz, que le enlaza con la generación de los maestros y, por ella, y directamente, con la modernidad. Es Álvarez Ortega, además, uno de los más importantes traductores e introductores de la poesía francesa del siglo, y particularmente, de aquellos de quienes éstos quedarán más deudores: los surrealistas. Y en su propia producción, el suave cuidado del sentido, el equilibrio entre la irracionalidad casi esencial a la poesía y la continuidad casi senequista de la historia contada, de ese continuum que son todos sus libros, le ha convertido en una influencia bienhechora e indudable.

Carlos Edmundo de Ory, en su exilio francés, publica de cuando en cuando poemas que son restos de aquella tendencia cerrada, confesa de surrealismo pero más cercana a Dadá y a Vaché, que fue el *postismo,* reacción exasperada al prosaísmo estrofado y patriótico e intento de entronque con las vanguardias irracionalistas de los años diez. Humorismo críptico que sólo ahora, en estos últimos días, y tal vez en algunos poemas de los mayores entre los jóvenes, va a ser recogido.

Más aún: sustituido por lo que hay detrás: esa actitud genuina de contestación voluntariamente estrafalaria, amarga, espectacular, que pueden mantener, fuera de estas páginas, los jóvenes, por ejemplo, de la revista *Ajoblanco*.

En Andalucía, en Córdoba, reunidos en torno a la revista *Cántico*, y sin poder romper los hielos que les aprisionan tanto en la capital como en esa otra capital cultural que es Barcelona, un grupo de poetas *modernos* mantiene el contacto y el fuego del 27: el *grupo Cántico* que ha sido estudiado por Guillermo Carnero, uno de los valores seguros de la poesía joven antologada aquí. Ve Carnero en ellos la firme defensa del verso libre —a estas alturas, casi es impensable otro que no lo sea, aunque muchos de los jóvenes han usado de metros tradicionales y casi todos sienten la poesía en endecasílabos blancos muchas veces— de la referencia cultural y culturalista, del vocablo arcaico, que recupera su fuerza y su belleza insólita y en el acto engendra poesía.

Dos catalanes, Jaime Gil de Biedma y Carlos Barral, y un gallego, José Ángel Valente, se salvan del derribo general de la *generación del 50*, que empieza a romper con los presupuestos realistas y a restaurar la tradición de poetas cultos. Y, en Madrid, Francisco Brines, Carlos Bousoño y Claudio Rodríguez, desde presupuestos generales similares, siguen atando las cadenas con los mayores. Todos ellos, desde una poesía íntima, que muchas veces tomará acentos cósmicos, carnalizará los grandes temas y saldrá, por vía cultural y referencial, de los tópicos abstractos generalizados.

En los márgenes, y tratando de enlazar con la rota vanguardia anterior al 27, como antes hiciera el *postismo*, apoyados al mismo tiempo en los *neodadás* europeos, un nutrido grupo de jóvenes se entrega al descubrimiento de la poesía visual, a la práctica renovada del caligrama y a la factura de la poesía concreta y de los poemas de acción. Julio Campal, muerto por propia voluntad tempranamente, fue el animador de estos grupos, estudiados en su excelente antología *La escritura en libertad*, por Jesús García Sánchez y Fernando Millán[5]. Según ellos, la poesía experimental, que renace en todo el mundo en los últimos años cincuenta, se consagra públicamente en 1970, contradiciendo las conocidas tesis funerales de Guillermo de Torre. Los propios antólogos, a la vez que presentan los movimientos experimentalistas europeos y norteamericanos, practican este tipo de formas expresivas, y en su antología incluyen poemas de Joan Brossa, de Cirlot y del propio Campal entre otros. Sólo un poeta de esta corriente está incluido en la presente antología: José-Miguel Ullán.

Del resto poco se puede decir. El resto era naufragio. Era, en realidad, una mezcla cansada y confusa, abotargada y que había dado ya cuanto debía dar, sin vitalidad para mantener las revistas que la habían sustentado antes, ni siquiera para conservar cierta frescura, cierta vivacidad, si es que alguna vez la había tenido.

El resto era, por un lado, la *poesía social*, consecuencia directa del franquismo, y su falta de libertad de prensa, y la poesía oficial, imperial, aficionada al soneto y al sonidito, confesional, encerrada y aupada en sus privilegios, escasos y tristes. Detrás de unos y de otros, en número, fueron y son legión los poetas. Y legión es, como se sabe, el nombre del diablo.

---

[5] García Sánchez, Jesús, y Millán, Fernando, *La escritura en libertad. Antología de la poesía experimental*, a cargo de, Madrid, Alianza Editorial (A.3), 1975.

Para la modernidad

Lo que hay, quizá de común en todos los antologados es ese afán de modernidad, en el sentido más *clásico* de la palabra. De alguna manera, y un poco contra los postulados de José María Castellet en su todavía insustituible antología de los *nueve novísimos*, en la España de los 60, cuando se está fraguando este manojo de conciencias poéticas, la imagen de la España rural —mito mantenido por ese puntal del franquismo que fue el Servicio Nacional del Trigo— está siendo sustituida por la no menos mítica figura de la *décima potencia industrial*, fomentada, en los años del desarrollo y tras la autarquía, por el no menos puntal franquista Instituto Nacional de Industria. Santiago ya no cierra España, y, desde la inconsciencia de la más lejana infancia, a la mayor parte de estos poetas desde el nunca anterior a su nacimiento, ninguna imagen parecida a las colas de racionamiento o a los cuplés de posguerra pueden ensombrecer esa imagen hay que reconocer que optimista de una apertura *avant la page*.

Son los momentos en que la industria editorial española empieza a alzar los techos todavía recelosos de la deseada libertad de prensa, en que la Ley Fraga de Prensa e Imprenta, pese al artículo 2, propicia la creación de nuevos medios de comunicación, en que la televisión, imposible para la infancia de la guerra, toma las salitas de la pequeña burguesía, coincidiendo, naturalmente, y terminando, con las últimas audiciones radiofónicas, los últimos seriales y concursos, los últimos discos dedicados de Gloria Lasso y Luis Mariano. Es la época del diario *Madrid*, importantísimo para estas generaciones. Los primeros tecnócratas en el poder. El capital extranjero entrando en España y los trabajadores, en una Europa rica y optimista, emigrando, hasta casi el pleno empleo. Las ciudades crecen y los planes de desarrollo han creado polígonos industriales «artificiales», algunos de los cuales —Pamplona, Valladolid— van a funcionar, con los consiguientes cambios sociales.

España molesta. Por un lado, es ya, desde la perspectiva de los jóvenes estudiantes de la clase media acomodada —y de ahí vienen la mayoría de los poetas— un país industrial. Las *Nanas de la cebolla*, por poner un ejemplo, quedan lejos de la realidad cotidiana de los poetas, y sólo con un esfuerzo artificial, muchas veces ayudado por las malas traducciones de Bertold Brecht, pueden convertir ese sentimiento de justicia social, de estremecimiento hacia la miseria, en versos que, nunca, sienten como capaces de cubrir la realidad a que la poesía desea nombrar.

Por otro lado, la censura existe y toca todos los campos de la cultura. España, en relación con los primeros viajes a París primero, a Londres después —y ni hace falta ir personalmente: basta que se lo cuenten a uno— aparece como un país sórdido, inculto y aburrido. No hay cine, no hay libros, no hay... Es un país antiguo e invivible. Seguramente, el modelo de joven de la generación de los nacidos después de 1945, por los últimos 60, es la de unos muchachos con *blue-jeans* que vuelven, por Irún, con la mochila cargada de libros que, ante los recelos de los carabineros, no necesariamente debían ser políticos, que también podían ser poemas de Kavafis, de Novalis, de Paul Celan, y de Ossip de Mandelstam, o de Milosz. Traen libros y vienen de ver cine: en París sobre todo, y muchas veces en sesiones maratónicas, tragaron no sólo las películas del momento, sino esos ciclos de verano que resucitaban las películas legendarias y prohibidas en España...

Mientras, la generación entera —la generación *social*, los jóvenes— están viviendo la desobediencia civil. Si España, como dice Amando de Miguel, contaba con treinta y cinco millones de pares de ojos vigilantes y policiales, los jóvenes españoles y sobre todo los universitarios, se situaban claramente en los márgenes de la moral establecida y ensayaban formas de vida, y sobre todo, de *reconocimiento* de esas formas de vida. La sexualidad pierde, en privado, sus caracteres prohibidos y esta pérdida es absolutamente asumida. El proceso en que esto ocurre es, seguramente, mucho menos enfermizo y traumatizante de lo que parece exteriormente, y, en cualquier caso, las repercusiones individuales y una forma del pudor, darán lugar a algunas de las características de la joven poesía que nos ocupa.

De otro lado, la urbanización progresiva de la vida española, con su concentración industrial y obrera y la creación irremediable de esas clases medias que en las teorías clásicas de este país no existían —la revolución burguesa estaba *pendiente* para la ortodoxia de entonces— empiezan a acentuar la diferencia entre las llamadas *España oficial* y *España real*. Diferencia que llega, claramente, hasta los partidos, clandestinos, de la oposición tradicional. Al mismo tiempo que en toda Europa, crece aquí un movimiento juvenil que conjuga esas formas de vida *libre* con concepciones radicales del mundo, que lleva al terreno de la lucha callejera e ideológica la crisis del estalinismo, y que, con un optimismo histórico que producirá más tarde las más bellas o las más malconcienciadas formas del nihilismo, sueña en ese momento, ante los asustados ojos de los *mayores*, con un cambio total, revolucionario, de la vida y de la creación artística. No es ajeno a este sueño el movimiento que les deja preferir a los surrealistas o gustar de los escasos happenings dadá. No es ajeno tampoco el sentimiento *materialista* de los textos que, por encima de la ortodoxia marxista de los contenidos, tiende a comprender la poesía —y todo el arte— en sus realidades materiales constitutivas, prestando, en este caso, una especial atención al lenguaje: más, decidiéndose por la palabra como única *realidad* y haciendo saltar al poema desde la dependencia referencial a esa otra forma de existencia que es la autonomía voluntaria del texto como tal.

«Toda la libertad para el arte» es la fórmula seguramente no expresada pero conveniente: no es casual que estos poetas —y conviene insistir en que no todos los antologados participan de igual manera en estas características— se hayan reivindicado como lectores y admiradores de Pound, de Borges, de Eliot, de Celine, o de Manuel Machado. La separación entre el hecho poético y otras consideraciones que, desde la escuela, se acostumbraba a añadir a la lectura de lo literario, y el particular énfasis puesto por muchos de ellos en expresar la separación entre ideología y producto poético, entre política y poesía, era, en realidad, una afirmación de la libertad y la modernidad, de ese reino que podría calificarse de manera ingenua como el dominio de la belleza. No es nada casual que estos poetas aparecieran en ese momento en que, desde su mismo interior y también desde sus márgenes, el llamado *realismo social* y todo el decálogo consagrador de la *mimesis* como método y de esa particular moral selectiva que pone la literatura en el papel de medio redentor de la humanidad y transformador del mundo, todo eso, estuviera perdiendo credibilidad a favor de la creación de universos, de una manera u otra relacionados con el papel de la ficción como diosa soberana. Incluso en aquellos casos en que los primeros libros fueron construidos desde las perspectivas de la literatura de intervención social o desde presupuestos íntimo-paisajistas —cosa todavía frecuente, ambas dos, en la producción general de este país— la narración pasa a ser objeto importante de buena parte de estos poemas, que, muchas veces, no sólo cuentan una historia sino que escamotean, tras descripciones más o menos *esteticistas*, los nexos *biográficos* entre el texto y el mundo, los lugares de relación entre la anécdota vital y la historia, pasando la primera, gracias a la ruptura de la costumbre abstracta, de la generalización, a la segunda, que se ve planteada, entonces, como un relato *no veraz*, poético, y que encuentra en estos vacíos de significación establecidos a su alrededor la base principal de su hermetismo. Y al mismo tiempo, de su comunicabilidad, porque el resto es ruido.

Efectivamente, las historias contadas en estos poemas que —y vamos a una de las características que como todas, no son extensibles a todos— son muy preferentemente narrativos y/o descriptivos, empiezan y terminan en sí mismas, sin posible (ni pertinente) verificación. En realidad, tal parece que los signos —lugares más o menos exóticos, máscaras de la existencia, precisiones musicales, cinematográficas y *literarias*— se han hecho para que sólo unos pocos iniciados, tal vez sólo uno o ninguno, puedan alcanzar el *significado total* del texto. En realidad se ejerce lo que Umberto Eco llama *poética de la epifanía*[6]: los hechos referidos y hábilmente escamoteados cobrarían existencia sólo al ser nombrados, de modo que el texto, independiente, se sitúa en un paso de existencia superior en jerarquía al de la propia realidad.

Por supuesto, la lectura *de conjurados* perdería el verdadero significado. Porque hay que añadir que el hecho real, en literatura, es tan inexistente,

---

[6] Cfr. Umberto Eco, *op. cit. supra.*

23

tan impertinente, si es nombrado como si no: al final, y al principio, en literatura sólo interesa el acto de nombrar, el nombre mismo, la palabra.

Ahora bien, llegar a esta conclusión ha sido duro. La mayor parte de estos poetas, y lo que podríamos llamar no sin mucha ironía *el espíritu de la generación*, ha partido de presupuestos radicales, no importa si defendidos íntegramente a nivel individual, y da igual si han sido o no concretados en programas políticos: lo cierto es que, sobre todo en los años de auge revolucionario que culminan en el 68 —en España en el 69 y hasta el 73— la ilusión revolucionaria no encuentra cauces adecuados ni en la ortodoxia clandestina ni en las fórmulas estáticas que se preconizan desde ella, y que, junto a formas de acción y de vida revolucionarias, se empiezan a vislumbrar, aunque seguramente de un modo inconsciente, las complejas relaciones entre unas y otras, apareciendo como deseable la máxima surrealista «cambiar la vida». La coartada la ofrece el paradigmático encuentro entre Marx y Hölderlin: en la joven generación hay, pues, algunos Hölderlin y algunos Marx, pero por ahí van los tiros.

Dice Octavio Paz —uno de los líderes de la generación, no sólo por el tratamiento dado al lenguaje en su propia creación poética, sino por la lucidez con que conoce el fenómeno poético moderno, y en general el hecho de la modernidad y sus manifestaciones— que dos ejes permiten girar este confuso mundo que es el arte moderno: la analogía y la ironía. Por analogía entiende Octavio Paz el modo en que se relacionan las realidades, el modo en que interdependen las palabras, y la manera cómo comprende el mundo el hombre moderno. Se trata, dice, de la recuperación de «una tradición tan antigua como el hombre mismo y que, transmitida por el platonismo renacentista y las sectas y corrientes herméticas y ocultistas de los siglos XVI y XVII, atraviesa el XVIII, penetra en el XIX y llega a nuestros días. Me refiero —dice— a la analogía, a la visión del universo como un sistema de correspondencias y a la visión del lenguaje como el doble del Universo» [7]. La analogía se opone a la lógica causal, destroza el principio de identidad, sobre el que se levanta todo el racionalismo occidental, y permite la sustentación del pensamiento metafórico: de la idea de que todo pensamiento es, en realidad, metafórico: sólo una relación oblicua, múltiplemente transformadora y esencialmente inverificable —el ojo modifica el experimento— se establece entre el mundo y el pensamiento, entre el mundo y el lenguaje. Lo demás es ilusión. La ironía —siguiendo y contradiciendo a Octavio Paz— es la *actitud moral* que exige esta conciencia: la distancia contradictoria ante la realidad alejada, la perplejidad recelosa ante el propio producto poético, ese escepticismo cauteloso y hábil que no es difícil encontrar en los mejores poemas aquí antologados. Es, por tanto, la *frialdad* de que se les acusa, y es también ese abandono, esa atención displicente al hecho minucioso, al detalle sin importancia, a la apariencia. El hombre moderno —y el joven poeta lo es irremediablemente y por eso me interesa— no se acaba de creer a sí mismo, o mejor, definitivamente, opta por deshacer esa entelequia que es la pohesia, la literhatura, la kultura, desacralizando —no le queda más remedio, dada su concepción del mundo— el acto de la creación poética. La noción misma de creación poética.

No es extraño entonces que, en muchos de los poemas aquí recogidos, el poeta actúe como *glosador* de otros productos artísticos, y que abandone a lo más oscuro del sentido, el relato de lo

⁷ Cfr. Octavio Paz, *Los hijos del limo*, Barcelona, Seix Barral, 1974.

que para muchos venía siendo el objeto de la poesía. No es rara la refactura de textos literarios cuidadosamente elegidos —los clásicos latinos, griegos, árabes, cuadros prerrafaelistas, renacentistas, paisajes ya tocados por los románticos y metafísicos, fotos con aura *art nouveau*, ciudades fantasmales, personajes carismáticos...— o las descripciones de objetos, jardines, pinturas, cuya elección no ha sido dejada al azar, y que, curiosamente, constituyen la tradición sobre la que estos poetas tratan de establecer sus reales: su ruptura definitiva con lo anterior. El exotismo del ropaje, de la planta aérea o de las alhajas permite, la mayor parte de las veces, una propuesta doble: la de la autonomía del hecho literario —el referente es otro hecho artificial, artístico o no, con el que el poema mantiene oscuras referencias— y la incorporación de *cánones*, de criterios estéticos, para la época y para la comprensión —matizada en la ironía— del texto escrito. Es una manera de expresar una poética y una manera también de situar el hecho de la creación poética donde en realidad está: en el reino de la *redundancia.*

Si Uccello nos dio a conocer, de manera casi definitiva la historia de San Jorge y el dragón y con ella la de la épica misma —la actitud de la doncella, la maquinaria que es el caballo, la fuerza de una lanza, la ingenuidad del monstruo, el misterio del paisaje, la bondad esencial del héroe frente a la maldad natural del villano...— ¿no es redundante el poema que lo recuerda? (el cuadro, no la historia). Pero también, no es redundante el cuadro respecto a la misma historia? ¿Cuál es la diferencia en el nivel de la existencia? A estas alturas, parecen decir los poetas, todo lo que nos propone el mundo —que no es sino una propuesta múltiple— se interrelaciona, se nivela, se *repite*, diferenciándose en cada paso, y no parece resultar *pertinente* el criterio de realidad o de existencia. En el ejemplo, la leyenda de San Jorge puede funcionar únicamente gracias a la representación plástica de esa forma de quimera que es el dragón, y gracias a la conveniente relación entre elementos cuya apariencia es fiable a niveles elementales de existencia: la armadura del guerrero, la apariencia humana de la raptada, con otras puramente *imaginativas:* esa musculatura imposible del caballo, que es casi una máquina, ese gesto deslumbrante del matador. En el ejemplo del cuadro de Uccello, la pintura es invención y la historia también es invención. Pero hoy la rendición de Breda tiene menos realidad que el Cuadro de las Lanzas y Carlos II menos que su retrato a caballo.

La fuga del sinsentido

Este mismo convencimiento del poema como hecho redundante —sin el que buena parte de los recogidos aquí no podrían entenderse— plantea de una manera bien distinta a la de los predecesores y contemporáneos la cuestión entonces palpitante del sentido de la literatura y el arte. Seguramente, poéticas había en las que se aseguraba para la poesía otra función: o la transformación del mundo, o la transformación del conocimiento del mundo. Sólo algunos, reconstruyendo mundos propios de retazos y sintiéndolos como repetición, afirmaban a un tiempo la inutilidad del arte, de la poesía, y su necesidad.

Efectivamente, el arte, la poesía, es inútil para casi todos los poetas aquí recogidos: la separación entre escritura y acción, paralela muchas veces a la de pensamiento y acción, dejaba a la segunda la parcela transformadora en el sentido más directo de la palabra, reaccionaba de manera escéptica ante soluciones de compromiso, que dieran salidas más o menos místicas a la relación entre ambas, y únicamente concedían al arte la capacidad de revolucionar el arte. Lo cual, pensaban, tampoco era de una utilidad excesiva.

El arte, por otro lado, la poesía, encontraba en la redundancia su base de necesidad. Se redunda en los mensajes, como se dice en teoría de la comunicación oral, para que éstos puedan ser entendidos. Para que puedan ser gozados. Medida con justeza —como la propia poesía, un juego sutil de pesos y medidas— la redundancia era la base misma de instalación en el gusto de la novedad. Era, en muchos casos, la novedad misma.

«Tradición —dice Jury Tynianov— no es más que la abstracción ilegítima de uno o varios elementos literarios de un sistema en el cual tienen cierto uso y desempeñan cierto papel, y su reducción a los mismos elementos de otro sistema. El resultado es una serie que sólo está unida *ficticiamente* y que sólo posee la entidad de la apariencia»[8]. Pues bien, esta operación —practicada en la implantación de cualquier tradición, de todas las tradiciones, y que las reduce a *traición*— se realiza con toda conciencia: desde el mismo poema se redunda en datos, en textos, en lecturas y en imágenes que van engrosando, de un solo plumazo, la supuesta tradición en que se inscriben los poetas. Una tradición selectiva, humorísticamente elaborada, drásticamente defendida, de amplias fronteras que sobrepasan viejos criterios: ni efectividad, ni calidad, ni estilo. La poesía se convierte entonces en el juego del guiño y el homenaje, la referencia constante: la redundancia consciente. Y, carente ya de finalidad o de utilidades, el autor debe refugiarse en la reflexión

---

[8] Cfr. Tynianov, J., *De la evolución literaria*, en *Formalismo y vanguardia*, Madrid, Alberto Corazón, 1970.

sobre el propio acto de la escritura o en el levantamiento de un mundo propio, de un puzle cultural en el que los préstamos, trabajados como el único material posible, ofrezcan una vista coherente del quehacer poético.

No es nada raro, por eso, que estos poetas vuelvan cada vez con más frecuencia sus materiales a la génesis misma del poema: a hacer de él la reflexión sobre el hecho mismo de la escritura. De alguna manera —parecen decir— lo intransferible es yo escribiendo esto. El resto ya está dicho. Y algunas veces —piensan— bien dicho.

Lo que es válido para el arte contemporáneo: la necesidad de mostrar sus materiales desnudos y primitivos, purísimos; la necesidad de fragmentar y analizar lo real, hasta lograr la perspectiva distinta, augurada ya por todas las ciencias exactas; la necesidad de establecer las relaciones entre los elementos diversos, y mostrar precisamente su diversidad; la necesidad en fin de reproducir el modo en que se produce el mundo, más que de imitar el propio mundo, se da en poesía, en esta poesía. El lenguaje mismo —único material poético— pasará de un modo u otro al primer plano: a veces, el juego de palabras, la ruptura de los sistemas de comprensión con el lector previamente establecidos: a veces, la exageración culturalista o la selección minuciosísima; y otras, la selección de palabras aparentemente planas, transparentes, o de ritmos conocidos, respiratorios, producen idéntica función: señores, estamos ante el juego mismo de las voces, de las palabras: y otro no hay en poesía. El poema —piensan recuperando viejos maestros— se explica a sí mismo. Y en este proceso a la abstracción —paralelo, hay que insistir, y como quería Nathalie Sarraute, a todo el arte contemporáneo— tal vez lo único que tenga que contar sea el propio poema. Cada vez más, la literatura —como el arte— se deshace de sus ataduras con el mundo exterior. Y hasta esas deudas cultas, esos juegos cómplices con el lector son las banderas de su autonomía.

Poemas como posters: *la década prodigiosa*

La novelista Rosa Chacel comentaba las razones por las que se había prohibido a sí misma dos actividades que en cambio considera vitales en su vocación: la escultura y la poesía. «Nuestra época no es clásica», decía, «y yo, ni en escultura ni en poesía podría salir del espíritu clásico.» Aseguraba después que hacer algo *clásico* en esta época es absurdo, porque el modo de ser del tiempo en que a uno le toca vivir es algo ineludible, consciente o inconscientemente, y terminaba diciendo: «Y hacer lo que siente mi época, ni quiero ni puedo, porque yo no lo siento.»

Viene a cuento la cita de Chacel porque plantea al menos dos preguntas, a la vista de los poemas y poetas que nos ocupan. En primer lugar —y está hasta la fecha sin estudiar en profundidad—, llama la atención y sorprende, la permanente alusión a la mitología clásica, a los viejos mitos grecolatinos, que a veces vertebran, más o menos pasados por el helenismo bizantino, toda una idea de la poesía, toda la poesía misma. No es sólo la constancia en la convocatoria de determinados personajes, no siempre insólitos o raros, sino que es también su articulación a la manera de los textos primigenios, de los maestros. Y desde luego, su *equiparación* dentro del texto, a elementos de otro origen: mitos previos, o elementos culturales elevados en el propio poema a la categoría de mitos. El segundo tema es esta relación confesada y consciente por parte de Chacel, entre lo que podría llamarse *el espíritu de la época* y la creación del individuo. Carlos Bousoño, en su largo estudio de la poesía de Guillermo Carnero y en libro de inmediata aparición cuando estas líneas se escriben, se refiere al individualismo creciente en la cultura occidental como fuente primera de la manera de crear cada época literaria, y al asalto a la razón, al irracionalismo fundamental entendido como marginación —automarginación— de la razón funcional, de la razón racionalista y de las instituciones —estatales— en que encarna y encuentra vía de existencia, como su principal característica.

Volviendo a Rosa Chacel, pertenece ella a la generación que instauró en este país el sentimiento de modernidad. La época de su formación transcurre al tiempo que las vanguardias, momentos en que fe en el progreso y sentimiento revolucionario, imponían la necesidad de romper los moldes clásicos, por usar sus propias palabras. Los poetas a que me refiero —a los que sus enemigos han llamado ya novísimos o venecianos— son el fruto de los 60, de la década de la revuelta, del entusiasmo por las libertades individuales y civiles, del ascenso revolucionario en el tercer mundo y en occidente, de la aparición de la llamada *nueva izquierda* —y la inimaginable posibilidad de existencia de la nueva derecha...—, de los años dorados de Praga y de California, en fin, de ese proceso que culmina en Mayo 68, para abrir la puerta a otra década, la de los 70, sin duda algo más sórdida, seguramente más triste.

La década de los 60 pasó fugazmente en España, con más conciencia de lucha antifranquista que de movimiento social mundial y, que yo sepa, está por analizar su plasmación artística en España. La propia conciencia de prodigio es algo posterior, y tiene mucho que ver con la mitificación de esos años que está llevando a cabo, sobre todo, la generación nacida después de la segunda guerra mundial. Y la está llevando ahora, porque la década es el lugar de sus raíces más verdaderas, y además de haber sido la referencia fundamental para sus vidas, es, precisamente —o va siendo cada vez más—, una marca de identidad, una referencia aglutinante y generacional.

José María Castellet, en su antología tantas veces citada, se refería al tema de la ciudad como origen de las propuestas fundamentales de sus novísimos. Ahí estaban los medios de comunicación de masas, los mitos subculturales inseparables de la ciudad, los tebeos, la música, el cine. Y no dijo —tal vez porque la década por antonomasia todavía no había terminado— que más que respuesta a la masificación, que también, se trataba de una utilización estética de todo aquel material que no se sentía para nada como material de derribo. Y que, por otro lado, se trataba de parte de un fenómeno universal, una corriente que recorría por venas ocultas toda la creación artística y literaria de occidente.

En otros campos se llamó pop. En poesía, como en el resto de las artes, lo que se podría llamar pop nunca aparecía en estado puro. Era, en realidad, la impureza misma, algo fácilmente relacionable con el *collage*, los montajes, las amalgamas y ese incierto deseo de sintetizar, de canalizar, no sólo la experiencia personal de los disfrutes cotidianos, sino también, y de modo más o menos consciente, la experiencia de la expresión de la colectividad.

Si hubo un medio de expresión privilegiado en la época, este medio fue el *poster*. Reúne el poster todos los elementos que marcan el momento, el espíritu del momento. Producto de la multiplicación, de la técnica más sofisticada, el poster es un lujo inútil, característico y barato. Mientras justo en esta década los pintores de todo el mundo, y particularmente del mundo anglosajón, ensayan, en nombre de una supuesta democratización del arte y extensión, la multiplicación de la llamada obra gráfica, en tiradas finalmente elitistas y especulables, algunos diseñadores y artistas, que utilizarán todas las posibilidades de reproducción de la imprenta moderna y se dejarán moldear por sus servidumbres, se lanzan a la enorme tirada, al color plano, a la ausencia de material, al mal papel. Sólo años después se podía soñar con enmarcar un poster, como sólo años después podrían entrar en las cabezas de los poetas a que me refiero, posibilidades, que son elecciones vitales, como la Academia o determinadas formas de profesión académica.

Los posters, con su vocación de marginalidad, estaban al alcance de cualquier bolsillo. Cuatro chinchetas y una nota de color —muchas veces, directamente publicitario— para diferenciar, en un gesto, las casas, los ambientes y finalmente la vida de un momento de una generación. Entraban en el mundo del poster desde las drogas de la imaginación —también las épocas tienen sus drogas: las de los 60 fueron la yerba, la droga de la comunión, y el LSD, la de la percepción. En los 80, en cambio tal parece que van a ser las del trabajo y el abandono —que propiciaban todo un estilo y unos temas, la siquedelia, a las marcas culturales venidas de otros mundos: desde los tebeos y la ciencia ficción, a las viejas ilustraciones de la literatura fantástica, pasando por los diseños de imaginación a la manera de aquéllos, y sin olvidar, naturalmente, reflejos y plasmaciones de las corrientes artísticas contemporáneas: determinados abstractos, arte geométrico, cinético y pop.

Pero, curiosamente, los últimos 60 conocen en los posters la recuperación y puesta en circulación casi masiva de determinados pintores cuya estética coincide con nuestros poetas: es, por ejemplo, el mundo de los decadentes, de Aubrey Beardsley, de Gustav Klimt, del *art nouveau*.

Y ahí están, precisamente, las convocatorias con las que empezábamos este capítulo: ahí está la mitología clásica, narrada desde una técnica sofisticada. Ahí está la contradicción algo irónica entre el mundo de los libros —ver la Isolda o la Salomé de Beardsley— y su reproducción por cuentos de miles, y su utilización decorativa y doméstica. Ahí están, puestos al mismo nivel y llenos de referencias apenas apuntadas, los viejos mitos grecorromanos, y las sagas germanas, las figuras misteriosas de la historia, los grandes cuadros románticos, renacentistas, prerrafaelistas y decadentes, modernistas, los libros impresionantes en la infancia, la presencia insoslayable de las lecturas de la pasión, un largo capítulo que va de Homero a Salgari. Y también el cine, y los *mass-media* (el propio poster lo es, aunque como los libros no se sienta como tal) y todos esos lenguajes mixtos, complejos, posibilitados y complicados más aún por la tecnología. Igual que en los poemas.

Una sola, ay, diferencia. Los posters conseguían al menos una cierta masividad: la de una generación joven que se identificaba con ellos, sin grandes diferencias de país a país, como se identificaba y consumía una música cada vez más industrializada. Con la poesía en cambio no ocurre lo mismo, ni como género —aunque gente inseparable de todo esto, como Allen Ginsberg, pueda reunir en un campus bastantes miles de personas y vender centenares de libros—, ni en cada uno de ellos, como poema o poeta individual. Realmente tampoco parecía importarles mucho, pero sin duda estas cosas determinan lo que luego se viene a llamar el estilo. En estos poetas, el resultado, como se dice ya más arriba, son unos poemas aparentemente narrativos, fríos si no fuera por la adjetivación y la extraña carga que tienen algunos de sus elementos y, que al final, o bien se obstinan en contarnos algún ángulo de alguna historia que ya conocemos, o deberíamos conocer, o bien pasan inmediatamente a terrenos descriptivos que, a primera vista, narran únicamente algún supuesto momento de contemplación, al que, por otra parte, no se suele hacer mayor referencia. Aparentemente no hay sentimientos. Aparentemente se evita la denotación como no sea de algo especialmente artificial, artístico, supuestamente exterior y nada biográfico. Y en el sentimiento, tan *inútiles*, tan lujosos y espectaculares como posters.

Cualquier elemento que se introduce en la interpretación funciona siempre como las matruskas rusas. Dentro de cada problema, de cada relación, se desparraman nuevas relaciones, nuevos problemas. Así de simple, en poesía. Por ejemplo, el reflexionar sobre la diferencia entre dos productos impresos, un poster y un poema, por ejemplo, puede dar luz al tema de la diferencia funcional, de la especificidad de la literatura —y de la plástica. Y a otros temas.

Desde mediados de los 60 asoló Europa una discusión técnica entre lingüistas y semiólogos. En realidad, asoló Francia, una de esas modas de estación que los franceses saben lanzar como nadie porque tienen una especial sensibilidad para detectar por donde van los problemas del momento. Se trataba de las posibilidades de reducción de unos lenguajes a otros y, concretamente, de la posibilidad de reducción —era la palabra técnica— de las lenguas mixtas, lenguajes complejos, difícilmente codificables y apenas estudiados entonces, pero que empezaban justamente a ser motivo de atención —ahí andan la moda y el diseño, el lenguaje del cine y del cómix, y, por qué no, los posters y *graffitis*— a la lengua escrita. Pues bien, desde muchos puntos, desde muchas artes y lenguas se asumió esta problemática, y los poetas *novísimos*, de manera más o menos consciente, también lo hicieron. Mostraron los novísimos, efectivamente, algunas formas de esta reducción, si bien al medio al que iban a parar todos aquellos lenguajes, todos aquellos mensajes mixtos, tenía en común con los más difíciles el carácter de artístico, precisamente ese resquicio de misterio, de especificidad que separa las lenguas de la creación de la otra, la del uso común o del lenguaje puramente cognoscitivo.

Este proceso de vampirización, por otra parte, necesitaba, en este caso concreto, una mediación: literaturizar ante todo cuanto se toca. De manera que, si bien como afirma Rosa Chacel, estos poetas de su época no son ni pueden ser clásicos, tienen en cambio siempre, aun a la hora de asimilar y reducir a la lengua de la poesía los productos más plásticos y tecnificados, una óptica típicamente literaria o, mejor, típicamente lectora. Es la suya la generación que habla de lectura de una película o de lectura de un cuadro. Y lectura es, a diferencia de visión, descodificación, interpretación y entendimiento.

Se leen, pues, los fenómenos urbanos que describía Castellet y algunos más. Y es lectura fundamentalmente el material poético sobre el que trabajan. De manera que Bob Dylan o Raquel Meller, las joyas de Wateau y su manierismo o los diseños de Courreges, los palacios de Venecia o aquel cuadro de Uccello se seleccionan por lo que van llegando a significar, por lo que tienen de literario en el sentido más elemental de la palabra. Por eso se les ha llamado también decadentes, como se llamó aquella admirable escuela de pintores y poetas, sobre todo británicos, de cuya paternidad filiación se reclaman casi todos gustosamente.

Decadencia, hermetismo, elitismo..., todo eso es verdad. Se trata, en suma, de una poesía elegante en apariencia, aunque haya muchas excepciones y matices y, como se ve, de una poesía fundamentalmente culta. Pero, como tambin se ve, la cultura, entendida en un sentido amplísimo y mediada por el comportamiento literario más estricto, está en rigurosa función de lo que ellos, lo expresen o no, entienden por poesía.

Los poetas

Tal parece que, de alguna manera, se van apuntando las posibles características generales de esta *generación*. Y eso de dos maneras: de un lado, se ha querido señalar aquellos modos de hacer poesía de los que se apartan. De otro, se ha intentado sugerir algunos de los aspectos positivos que aportan. Conviene ahora, a la vista de esta amplia nómina de poetas que Concepción García del Moral ha seleccionado, fijar ese modo en que la poética de un grupo es compartida y creada y las maneras en las que los poetas se van desmarcando, o por decirlo a la manera de los místicos, van participando de aquella estética. A mi modo de ver, es obvio que el concepto de poética como el de generación —y con los dos hemos jugado en este prólogo— son radicalmente *idealistas:* son conceptos desnaturalizados, y posiblemente inútiles, salvo como guía mnemotécnica. Así, aquí la edad oscila entre los *menos de treinta* a los *muy cerca de cuarenta,* y casi ningún sociólogo aceptaría este arco como generacional. Pero en cualquier caso —como la palabra *señora,* o la palabra *bruja*— es evidente que el concepto es útil.

Lo de la poética es más complicado. Poética es —a mi modo de haber leído— un conjunto de características analizables en un cuerpo poético, y que, *a posteriori*, vemos que lo diferencian de otro. Naturalmente, el concepto es antes que nada, apto para analizar una obra de un solo personaje. Pero también vale —no queda más remedio— para el análisis de momentos colectivos, de obras que se desmarcan como grupo, como escuela, como diferencia. Dijimos ya que de alguna manera, todos los aquí antologados forman un cierto frente común, gozan de una estética concomitante, en torno a la que vertebran su obra poética. Seguramente, las características señaladas anteriormente —y ésta es una cautela que no puede dejar de ser remarcada— se verán mucho más claras en unos poetas que en otros, y en unos dominarán unos aspectos sobre otros. Hora es ya de analizarlos uno por uno.

Antonio Martínez Sarrión

La poética consciente de Antonio Martínez Sarrión —conservada desde la aparición de *los novísimos*— es un testimonio de que algo ocurría, desde los días de la poesía testimonial a estos otros, de que hace ya diez años. Su poesía, cotidiana en el sentido más digno de la palabra, participa —adelanta, de alguna manera— esa vocación *cultista*, esa llamada a la referencia y a las lecturas, sin olvidar los hechos que se cruzan en el momento.

A veces, el verso se descarga, y siempre vuelven, como leit-motivs temas que ofrecieron a Castellet la base de su análisis en aquella antología: la música, como una pasión cantada en inglés, y particularmente el jazz y Bob Dylan. Los mitos de los cuarenta redivivos, y nadie tanto como Sarrión —salvo acaso Vázquez Montalván— sintió la fascinación de algunas estrellas cinematográficas: Marilyn. Eran, también en este caso, una forma de la rebeldía, una forma de la libertad. Y en cualquier caso, y sobre todo, traían el poema de un lado de acá ambiguo y diario, que no quería decir, ni mucho menos, aquellas cosas pedestres de los poetas sociales.

Conjugar Paul Eluard y Raquel Meller: he aquí un proyecto, perfectamente asimilado en cada palabra. Conjugar ese mundo de cultura con una realidad subdesarrollada y radiofónica, y que el producto tenga ese nivel posible y resuelva esos problemas: el verso, entonces, busca la palabra cotidiana y muchas veces plana, huye de la rima por supuesto, y de los ritmos, vuelve de alguna manera a la descripción de momentos, de escenas más o menos distanciadas, y se permite la estridencia de determinadas palabras clave que funcionan como rompientes, como espectaculares enclaves donde la poesía puede residir. Efectos de los surrealistas, estas escrituras nada automáticas, donde las palabras inverosímiles se encuentran y engendran poesía. El poema, en Martínez Sarrión, se ofrece como un todo, y uno tiene la impresión de que el verso le importa menos: una sintaxis fragmentaria, un encabalgamiento que entrecruza versos cortos y largos, una brusquedad oblicua: la reflexión pasional sobre el hecho poético.

Jesús Munárriz

Dos vertientes claras tiene, a estas alturas, la poesía de Jesús Munárriz: una primera, en que la preocupación formal le hace atender a la limpieza de los versos, con especial cuidado de los ritmos, y una selección casi barroca del lenguaje, de los momentos. Y otra, que es tal vez en la que más se desmarca de lo dicho hasta ahora, que está en esos poemas cortos, de verso muy ritmificado, pero cuya elaboración se ha hecho desde el mundo de los conceptos, desde esa intención humorística, conceptista en el viejo sentido de la palabra. La característica formal que une las dos caras de este poeta está seguramente en la sabiduría de los finales, siempre sorprendentes. Y si en unos es el lenguaje purificado, y la profundidad de los sentimientos confesados a partir de la anécdota más o menos nimia la que se desgarra en la sorpresa final, en los otros, la ironía, el golpe de humor y la distancia quedan marcados igualmente en los últimos versos.

En cualquier caso, y sobre todo en alguno de los poemas últimos, es evidente ya que los poetas españoles no podrán en lo sucesivo mantener el sentimiento amoroso en las nubes del abstracto, ni separarlo de ese mundo de referencias culturales, fundamentalmente leídas pero también pictóricas, y arquitectónicas, y visuales. De ahí, de la descripción de lo visto, con las formas —los montajes— de la narración saca Munarriz los mecanismos necesarios para establecer mediante, por ejemplo, el montaje alterno, el ritmo entre lo concreto y lo abstracto, entre lo vivido y lo recordado, entre el pasado objetivo y ese sutil mundo subjetivo. El puente está en la carne, en la cercanía de lo amoroso, de lo erótico. Por ahí, por esa concreción sin historia, muy sustantivada o mejor, muy sustantiva, alcanza Munárriz la modernidad.

José María Álvarez

La escritura como memoria cultural: tal vez Álvarez sea uno de los primeros y más claros ejemplos de esta voluntad integradora y selectiva de la literatura, de lo dado, en el mundo de la poesía, que, en su caso, es casi lo mismo que decir de la vida personal. Efectivamente, como se verá más tarde, trae a la cabecera de sus poemas, o a las recreaciones de personajes, a su literatura en suma, la palabra que sitúa, desde el mundo de otras escrituras y muchas veces de otras lenguas. Y las trae de dos maneras: esas largas citas que *entonces* escandalizaron a muchos, y que las más de las veces no venían de la poesía, sino de la novela o del ensayo, o hasta del panfleto, como una afirmación totalizadora. Y esa otra, más íntima y más críptica, metida dentro del poema a modo de guiño, reforzando un mundo mitológico, de algún modo paralelo al de Sarrión, que encontraba sus materiales en los más exquisitos poetas o en el último lloroso tango... El poema se manifiesta como reflexivo respecto de la cultura en que se inscribe, introduce una nueva noción de tradición, y se muestra como esencialmente redundante.

Y también aquí encontramos esa distancia y esa lucha, la ironía, muchas veces autocorrosiva y desgarrada. Lacerante escapada de un mundo demasiado presente, es el poema que reflexiona acerca de sí mismo, acerca de su propia inutilidad fundamental.

Y todo esto, con unos versos entrecortados, rescatados en su propio valor gracias a los espacios sin significado en que se instalan, a los cortes de la significación que los distancia. Y con un lenguaje aparentemente simple, vuelto hacia el interior, descriptivo. Como de narrar historias.

José Luis Giménez Frontín

Los poemas que más me gustan de Giménez Frontín se mueven en una zona onírica y saben estar en el ritmo de los sueños. Como le corresponde al mundo de lo soñado, los nexos entre imágenes o entre momentos —y qué importancia tiene el tiempo en todas sus preocupaciones— están vacíos, así que los poemas funcionan como a modo de mínimos textos fundidos por el azar, que al fin, es el maestro y objeto de cualquier intento surreal. Intenta su poesía —que a veces tiene un aire metafísico— desvelar las zonas oscuras, las preocupaciones íntimas: y esto, de un modo apenas declarado, aunque más patente que en otros. Zonas oscuras que, después de esta elaboración poética, se sienten más que se conocen.

Seguramente ése es el intento: la poesía —como se anunciaba más atrás— no se presenta a sí misma como modo de conocimiento del mundo. Pretende tener una realidad propia, una entidad soberana. Y la tiene.

A veces, los poemas de Giménez Frontín convocan, desde esos aires crípticos en los que los nexos con la autobiografía apenas están apuntados, convocan, digo, esos mitos personales tomados del mundo de la infancia lectora, de la novela. Y curiosamente, están puestos al servicio de la idea que preside buen número de ellos: la de la pérdida de ese tiempo perdido, y con él, del paraíso igualmente abandonado. A Wendy la ha hecho crecer el tiempo y ya lo más duro, lo más triste de la vida, la está penetrando y desidentificando. El licántropo soy yo, y es el tiempo quien le invoca. Y ahora, yo mismo, Wilhelm Reich —y que importante ha sido para toda esta generación la heterodoxia de la heterodoxia— comprendo, como si fuera un *trip*, la unidad esencial del mundo —sin tiempo.

Félix de Azúa

De importante formación filosófica, la poesía de Félix de Azúa, que busca en su último libro los lugares planos y comunes de la poesía aparentemente tradicional, de la confrontación de unos ritmos aparentes con la naturaleza transparente de la palabra —y cómo funciona la contradición— muestra en los recogidos aquí la pasión por *los alrededores*, y la revindicación —que por otros medios permanecerá en el último libro— de esas otras formas del conocimiento que, depende, circundan, preceden o superan el conocimiento filosófico, y, también depende, niegan, completan o sustituyen al vital y diario. Me refiero a esas zonas en las que Félix de Azúa reivindica la poesía y que encuentran los temas y los márgenes de desarrollo en la mitología, el pensar primitivo y las religiones. Como veremos más tarde, en la poesía.

Si alguien puede ilustrar las tesis mantenidas en este *prólogo* es Félix de Azúa. En primer lugar, como *poeta lector*, frente a ese vitalismo que sin duda domina en otros, y culturalista: es éste un dato que a los detractores de los jóvenes *venecianos* les había llamado poderosamente la atención y que, en cambio, a sus exégetas se les había olvidado. He aquí, pues, un poeta que encuentra en la literatura anterior, y concretamente en la tradición —restaurada ahora— de los clásicos la fuente de esta mitologización necesaria y clara. Y si nuevos mitos vienen a completar un panorama de referencias culturales pensadas como absolutamente necesarias para una poesía que no se concibe como elemental, ni mucho menos, estos nuevos mitos entrarán en los versos cultos tratados como *si fueran los otros*. Al mismo nivel Trotsky o los subversivos de Alcoy que Prometeo.

Naturalmente, ni unos ni otros han sido convocados gratuitamente: son un arma de nombramiento, y ese nombramiento, como se decía antes generalizando, es elíptico. Ninguna concesión a la cotidianeidad, como no sea el nombramiento mismo del momento vivido, y éste, en el contexto y la oscuridad en que se ve aludido, pasa de inmediato al mismo nivel de lo literario.

Si se hubiera hecho el *retrato robot del joven poeta*, los papeles de Félix de Azúa se separarían en una sola cosa: la lengua, voluntariamente áspera, es básicamente sustantiva, puntual. Y si las palabras han sido escogidas con cuidado, se ha abandonado el adjetivo y con él el barroco.

Y es que conviene no confundir un lenguaje críptico con el barroquismo, y aquí hay una muestra patente. Es éste uno de los más difíciles poetas de esta generación, y en cambio, si ustedes analizan su sintaxis se encontrarán que, salvo excepcionales y exigidas construcciones latinas, el resto es simple, casi elemental estructura castellana. La dificultad está precisamente en el servicio que la poesía rinde al que podríamos llamar *pensamiento misterioso* y en su capacidad —a la que aludíamos antes— para hurtar del curioso lector la anécdota de que nació antes el poema, la historia o el objeto a que el texto se refiere. De la soberanía del texto, que es consecuencia directa de esta actitud poética, se ha hablado antes y se hablará más después.

Por último, una referencia necesaria: Tampoco Félix de Azúa se hace ilusiones sobre las posibilidades de la poesía en los terrenos de cambios del mundo, modo de conocimiento de lo real, utilidad general del texto. Remito simplemente al lector a la poética del propio Azúa —y esa cita impresionante de Novalis— que precede a la selección de poemas aquí publicados.

José-Miguel Ullán

La poesía de José-Miguel Ullán es seguramente la que más distancia ha recorrido desde sus comienzos hasta su último texto. Si en los primeros libros la temática social, sentida como pasión individual, podía acercarle a esas estéticas contra las que globalmente reacciona esta ambigua generación, y esa sujeción musical a ritmos que generalmente son heptasilábicos y endecasílabicos se libera desde el principio de la rima para conservar sólo algunas cadencias —internas, disfrazado el verso musical por su ruptura visual— ya en los primeros libros se apunta lo que, mucho más tarde, a la hora de las desilusiones políticas habría de cuajar en un informalismo radical y en lo que se podría llamar vocación de espectáculo de su poesía.

Dos recursos funcionan —aunque hayan sido descubiertos, naturalmente *a posteriori* por el crítico— como avisos, y el primero ya ha sido apuntado antes: la poesía sentida como *lectura*, vibra en cambio en ritmo versal: es la pluma la que separa la música y el ojo el que distingue los versos. De modo que, leídos los poemas, la representación imaginaria de su aspecto físico visual sería bien distinta de lo que aparece en las cuartillas leídas. El segundo recurso es consecuencia directa: en determinados versos, el ritmo acentual dominante en el poema se ve roto, desencajado. Es la ruptura del sistema métrico-rítmico que, seguramente, corresponde a la *crisis* y ruptura del ritmo de creación.

Ya Carlos Bousoño señaló hace algunos años cómo la poesía nace precisamente de estas rupturas del sistema. Y se refería él antes que nada a los sistemas de imágenes, a los sistemas de pensamiento, a los sistemas de conducta como algo dado. En su momento habrá que decir algo sobre estos otros sistemas, igualmente colectivos pero mucho más inconscientes, y sobre su ruptura, y a ello y con esta ocasión me emplazo.

El caso es que el proceso, no sé hasta qué punto consciente, llega al colmo cuando, en la lucha entre el ojo y el oído, vence el aspecto visual del texto, que carga, llevando al final la ruptura, con una frase que se sentía como compañera inseparable y lógica del verso, y que ahora inicia la fuga del sentido. La ruptura llega, pues, a la sintaxis y los poemas esperan no ya ser oídos sino ni siquiera leídos: esperan ser vistos como centro de la connotación ofrecida por el entorno. *Frases*, por ejemplo, ilustraría perfectamente esta aseveración, y más aún, su trabajo con recurrencias en *De un caminante enfermo que se enamoró donde fue hospedado*, donde estos esquemas funcionan como fuerza de sugestión. Y a esto me refería cuando hablaba, al principio de esta nota, de voluntad de espectáculo: allí donde los géneros se confunden y los ojos quedan solos ante el efecto, plástico, instantáneo, de la tinta sobre el papel.

Pere Gimferrer

La sorpresa del hombre ante la belleza, la fascinación ante los viejos mitos y ante la palabra. Un mundo donde las cosas adquieren la visualización de una luz demasiado consciente, demasiado fugaz: el rescate de la poesía misma, del *tono-poesía*, del nombramiento del mundo como razón de ser. Estas son algunas de las cosas que se aparecen a la lectura de los poemas de Pere Gimferrer, seguramente antes de ser conscientes de la investigación textual, estrictamente lingüística —si es que lo lingüístico lo puede ser *estrictamente*— que lleva a cabo su poesía.

Restaurar el cuello del cisne, parece sentir Gimferrer, para instalarlo en medio de la calle cotidiana, y a sabiendas, permanentemente, de que nunca te bañarás en el mismo río: la luz —o lo que es lo mismo, el tiempo— cambia por instantes la apariencia de las cosas. Es decir, las cosas mismas, que no son sino fugacidad, apariencia. Por eso, a diferencia de Azúa —y a semejanza de otros— Gimferrer tiene que ser barroco: tiene que dar a sentir las diferencias, los sutiles cambios, la consciencia del momento que pasa por las cosas y por los hombres. Tiene que pintar las luces.

Naturalmente, no se trata de *decir* sino de *hacer sentir:* y para eso, el verso largo, que se llena de palabras luminosas, que se rompe cuando se vuelve hacia dentro, hacia la sorpresa contemplante de la propia sorpresa, hacia ese sentimiento perpetuamente adolescente, escalofrío por la belleza inmaculada del mundo y de sí mismo. Un verso largo en el que cabe una historia, puesta la poesía al dictado del ojo que nunca verá la misma luz. El poema hecho, pues, de vistazos sucesivos, de sucesivas miradas, puntuales, convertido entonces en el imposible Prometeo que detendrá el momento —o el recuerdo del momento.

Se trata, claro, de poesía metafísica. Se trata del intento sobre el mundo de frenar el tiempo, y la conciencia de su imposibilidad. Y para enseñar esas dos cosas se recurre a tomar de la poesía europea lo mejor que esta tiene: los románticos, el 27 menos folklórico, los surrealistas. Mallarmé y las vanguardias posteriores. Octavio Paz. Asimilar, recordar, rendir homenajes cargados de sentido —las palabras son, cuando pelean con el tiempo, llaves de la memoria— es la tarea para el que instaura la tradición.

Conscientemente, los poemas son, pues, series de comprensión fragmentaria, de expresión fragmentada. El *leit motiv* del mar —Barcelona de espaldas a él, y su vocación de capital esteparia— no es casual: es obligatoria la existencia de lo que es ámbito, arquetipo, imagen. Metáfora casi viva de lo que es la totalidad siempre cambiante. Y de lo que la literatura ha puesto en él. El fragmento, como quería Paz, se convierte en el único modo en que los modernos pueden dar la imagen del cambio del mundo, de su única realidad.

Y algo más: si Gimferrer es uno de los mejores poetas castellanos es, sin duda, el mejor de los jóvenes catalanes. El trasvase formal que ha efectuado con la vuelta a su lengua madre y la investigación en ella y en sus matices como lengua culta, supera el marco individual, para convertirse en un hecho cultural de importancia. Y es de señalar el esfuerzo que, sin duda, el joven poeta ha tenido que realizar: porque si habíamos señalado ya antes que en castellano la de estos jóvenes era una poesía innovadora y fecunda, en catalán y en el caso de Gimferrer se trata de una auténtica *poesía de fundación*.

Marcos-Ricardo Barnatán

La diferencia, la construcción de la identidad y la recuperación de sus signos presiden la poesía de Marcos-Ricardo Barnatán, que construye un mundo infinitamente propio y enlaza a otras fuentes esa investigación que, en cambio, coincide tanto con la que hemos considerado fundamental en esta generación de poetas.

Hay en Marcos-Ricardo Barnatán la misma necesidad de mantener oculto el lazo entre vida y poesía, entre anécdota y poema. Hay en sus versos esa conciencia de la redundancia del hecho poético, y también de su *inutilidad*. Y hay también cierto barroquismo cada vez más pulido, y puesto en servicio de la ocultación: efectivamente, su poesía es seguramente, la más críptica de las aquí recogidas, de las más oscuras. Además, y un poco para completar el *robot*, está llena de guiños culturalistas, de alusiones literarias e históricas, de referencias pictóricas y en general culturales. Estas referencias funcionan en su poesía como abreviaturas, como puertas a un mundo y, muchas veces, como el origen mismo del sentido que así se desenlaza con la máxima economía de medios en el significante, y en cambio guardan al nivel del significado un potencial a punto de estallar, distinto a cada nivel de lectura: si en una primera posible ingenua lectura, las palabras escogidas deben *funcionar* por su propio valor, es decir, por ese encuentro al que muchas veces las ha forzado el poeta, posteriores lecturas permitirán la acumulación de cargas afectivas y de conocimiento sobre esas mismas palabras. Naturalmente, a este tipo de referencias —y a la atención del público que entrañan y exigen— se le llama, con demasiada frecuencia *elitismo*. Pues bien, Barnatán, como muchos de los poetas, la mayoría aquí reunidos, es voluntaria y tenazmente elitista.

Pero sin olvidar estas lecturas y actuando del mismo modo, un terreno cultural al que voluntariamente se inscribe marca la diferencia y la mayor originalidad de Marcos-Ricardo Barnatán: la selección del mundo judío, entendido, en mi lectura al menos, de dos maneras: como obligación ética y única posibilidad de salvación personal y colectiva —el mundo de los contenidos, el objeto poético— y como justificación estética de los caminos emprendidos. Efectivamente, el primer terreno es seguramente el más fácil de analizar: la cultura de la diáspora, o mejor aún, el judaísmo entendido antes que nada como una cultura de identidad y supervivencia, le permite/obliga a recorrer los paisajes, los personajes, las calles del pasado: a volver a andar lo que apenas si ha sido nombrado en castellano, pero que permanece en el consciente de todo un pueblo marginal, y lo que es más importante, que constituye ese consciente, esa identidad, esa naturaleza. El ser judío. Así, lecturas, escritores, ciudades, cuadros, adquieren una nueva dimensión de señal y testimonio —en el sentido menos directo de la palabra— y se ofrecen al poeta como el jardín sellado del que no podrá salir sin traicionarse ni traicionarles.

La segunda manera es también evidente: la tradición judía y su entendimiento del libro —el Libro, naturalmente— como la propuesta de la escritura autosuficiente, comprensiva del mundo que se contiene en su interior, y no sólo del mundo sino también de todos los mundos posibles; y no sólo de la realidad, sino de las posibilidades de comprensión de esa realidad. La lectura judía del libro como inabordable en esencia salvo para la divinidad, y de las palabras —finalmente de todas las palabras— como capaces de contener por sí mismas una infinitud de lecturas, de valores —relativos, cuantificables quizá, abiertos y extensibles en cada nueva lectura—, todo esto, no hace sino basar y justificar en la teoría misteriosa de la lectura, que hay que dar por sentida en la poesía de Barnatán y no sólo en ella.

Por otra parte, la práctica del libro abierto exige —para que fuera capaz de tantas polivalencias— su carácter críptico. Y toda la tradición ocultista aparece, al menos, en dos funciones: como el conocimiento y el respeto a la final incognoscibilidad del mundo, y como defensa ante el exterior hostil. Ésa es, a mi modo de ver, la clave de varias caras de este poeta cerrado y oscuro. Falta quizá por señalar la vocación por la belleza, la selección casi sectaria de las palabras que —puesto que deben ser leídas de tantas posibles formas— vienen dadas por todo lo anterior.

Antonio Colinas

La tierra como recinto seguro, como perpetua fuente de inspiración, como asidero cargado de mensajes simbólicos es el punto de partida de Antonio Colinas, de donde se mueve sólo para figurarse los paisajes como páginas y leer en ellos las palabras de piedra de los hombres.

Ligado a la naturaleza con un sentimiento nombrador, *realizador*, que nada tiene qué ver con el soneto estepario o con la aridez noventayochista y sí en cambio con el romanticismo, con Hölderlin, hay en los poemas de Colinas la constante evocación —*beatus ille*— de los paraísos clásicos, matizada su vocación por la belleza gracias a esa consciencia no menos clásica de su fugacidad, de su finitud. Lo que no es vida, lo que es espacio y atmósfera y sitio, se va a trascender en cosmos imposible en que el poeta y su soledad mira y ve, e imagina.

Imaginar es, de cierto, hacer imágenes: Colinas prefiere apenas comparar, sino nombrar. Aquel sequedal casi eterno, aquellas rocas, aquella ruina o estatua o lucernaria. Recorre entonces los paisajes dejándose llamar, una vez más, por el reclamo del color y de la memoria, por esa cultura que carga de sentido sus visiones y sin las que los paisajes sólo serían escenarios vacíos. Un mundo de referencias va poblando de vida simbólica estas tierras a las que desde el principio vio ligarse su hacer poético, que así, pasa de ser testimonio inmediato a intentar el nombramiento intemporal, que es lo mismo que decir eterno. Esencial.

No es extraño que entonces, con una sabiduría probada, el poeta recorra los *tópicos clásicos*, aquellas fórmulas del sentimiento que aún están cargadas de sentido, y que gracias a estas nuevas palabras —también aquí lo único que interesa al fin es la palabra— recuperan cierta inocencia de nombradía, llenan de equilibrio su poesía, y le convocan extrañamente a la modernidad.

Vale para Antonio Colinas, el más *puro* de los poetas recogidos en esta antología, lo dicho para generalizarles. El venecianismo, el elitismo, el culturalismo, por usar las útiles palabras de los detractores. Le desmarca, frente al urbanismo de los más, su vocación de ruinas y paisaje, más allá del turismo al uso, y su sentido de la música en el poema.

Los poemas de Colinas son formalmente clásicos: versos blancos, casi siempre cadenciados y ordenados en ritmos y medidas dodecasílabas, endecasílabas muchas veces, ritmos largos posmodernistas y, por tanto, rotos, suavemente marcados por el corrimiento de los acentos, en contraste solapado con la sintaxis muy latinizante, con el hipérbaton suavísimo, sobre el que muchas veces vence el verso, ganado otras en encabalgamientos casi naturales, previstos en castellano desde el renacimiento.

Y es que el sentido de la naturaleza no puede dejar de ser fuente de crisis, y la crisis escapa de la superficie pacífica de las palabras a la armonía apenas tocada de la estructura versual. No hay paraísos, aunque Colinas, en fuga, construya esta hermosa Ucronia de sus versos, ese lugar donde quisiera —quisiéramos— vivir, quimera que permite la ilusión y justifica el nombramiento. Allí, incontaminada salvo de soledad, parece decir, puede vivir y vive la poesía. El resto es ruido.

Vicente Molina Foix

En Vicente Molina Foix —aunque no en él solo— se desdibujan particularmente los límites de los géneros, de manera que esa tendencia *narrativista* que considerábamos como general, aboca aquí en preocupación fundamental y lleva muchas veces, al poema en prosa —del mismo modo que a la prosa, y hay que señalar este carácter de poetas-novelistas que Castellet había señalado para los *novísimos*—, se le contagia de ese aire poético: y ahora se mezclan las funciones respectivas.

Como buen poeta narrador elige, pues, los momentos que, en función de esta particular epifanía, le merecen la pena ser nombrados, para acudir así al rango de existencia. Hay, como en algunos de los mejores de la generación inmediatamente precedente, y también como en algunos de los recogidos aquí, destellos de humor, golpes de ironía: la poesía debe —como quería Octavio Paz— distanciarse de lo narrado, y la modernidad hace que deba desdramatizar esta distancia. El humor, pues, es fundamental en esta batalla por la definición del mundo.

` El fragmento y el *collage*, la desgarrada sintaxis, y el humor abren muchas veces la puerta al sinsentido, cuya acidez cobra poesía: opaca, plana, la lengua evita el ritmo y, desde luego, las tradicionales formas de la métrica. Hay, por fin, una necesidad y un triunfo que hermana también a Molina Foix con buena parte de los recogidos aquí: la reflexión culturalista, la convocatoria que muchas veces será de figuras míticas, de maestros, y el constante guiño al lector, para cargar de significación las palabras reclamadas. Estamos, pues, ante un poeta culto, especialmente atraído por el área anglosajona, y curiosamente púdico en lo que al quehacer poético se refiere —como bien expresa en su *poética*. De hecho, y seguramente injustamente, el único inédito como poeta de los aquí recogidos.

Jenaro Talens

Lo que más me interesa de Jenaro Talens es, sin duda, la influencia que —como se ve también en algún otro caso— puede producir la vida universitaria y, concretamente, la preocupación teórica lingüística en el quehacer poético. Efectivamente, después de una época que debía mucho al primer Gimferrer, a los mejores del 27, Jenaro Talens ha dedicado mucha de su atención a la *experimentación*, a la fabricación de textos corresponsales y paralelos que reflexionan sobre el hecho mismo de escribir y en los que se convoca, como otros harían de los objetos, los conceptos oscuros de la creación, y los efectos plásticos —tipográficos— de su apariencia.

Los límites entre verso y prosa, en estos casos, son sin duda intangibles. Y algo más: Talens intenta sobre todo el asalto a la distancia entre el ensayo y la poesía, y esto no por las vías del fogonazo, el encontronazo entre el concepto feliz y la palabra justa y bella —un poco, a lo Octavio Paz— sino por la fragmentación de la idea, por la prosaización, la racionalización del texto poético. Se trata, hay que decirlo, de una experiencia interesante.

José Luis Jover

Un particular pudor, una contención netamente castellana guía la poesía de José Luis Jover que comparte, con los mejores de su generación, muchos de sus rasgos.

Sorprende de este poeta la selección oscura, pasional del erotismo como tema y como forma, erotismo que viene oscurecido por la trama de la finitud y de la muerte, y resguardado, como en Ausias March y toda la tradición que el Mediterráneo dejara en la meseta, por esa voluntad de secreto que sella las lágrimas y, por qué no, las facetas más encanalladas de la pasión. Sugerencia hacia dentro, contención que hacía vibrar lo pasional sin mostrarse verdaderamente nunca, como una fuerza eléctrica y oculta.

Naturalmente, lo que interesa de Jover es los medios para esto: un lenguaje que, como en todos ellos, convoca las palabras leídas o vistas, la cultura circundante, pero que esta vez aparenta ser plana y oscura, porque tras ella está lo innombrable.

No hace falta decir que el lector se percata inmediatamente de que se le está escamoteando algo: una historia, un personaje que aparentemente escapa al nombramiento y *está al margen*. No hace falta decir, tampoco, que esta sensación del lector está justificada y, además, voluntariamente buscada: en una segunda lectura, quizá más profunda, el lector comprenderá que hay ámbitos del mundo que son secretos, que sólo deben aparecer en escasas lindes, que acaso con este nombramiento ambiguo encuentran la posibilidad única de ser nombrados.

En cualquier caso, es ésta una poesía indirecta y críptica, voluntariamente instalada en el umbral de donde suceden las cosas, en la que algunas veces se cuelan golpes surrealistas y fisuras del sentido. En la que las palabras sirven para correr tupidos velos sobre las cosas, pero en la que al fin, no se puede ocultar una inviolable vitalidad.

Guillermo Carnero

Cada vez más dedicada a la reflexión sobre sí misma, cada vez más apresada en una economía de medios que le acerca a veces a los modernos conceptistas, la poesía de Guillermo Carnero se reveló con aquel libro, *Dibujo de la muerte* que fue una llamada fulgurante hacia la nueva poesía, un auténtico acontecimiento en la creación de esta nueva sensibilidad, pese o precisamente por su cercanía temporal con la aparición de *Arde el Mar* de Pere Gimferrer. El sorprendido público interesado se encontraba ante un libro perfecto, en el que sorprendía no sólo la redondez de los poemas sino también la profundidad del planteamiento mismo del libro.

Ya allí la soberanía del lenguaje, pasando por encima incluso de la soslayada, omnipresente «pena de amor, origen del arte», que va a continuar cuando los procesos de abstracción que su poesía va sufriendo, van convirtiendo ésta en reflexión sobre aquel ente soberano, en compleja autocontemplación del hecho poético.

«El metalenguaje —dice Roland Barthes— es el lenguaje *forzosamente artificial*, en el que se lleva a cabo la investigación sobre el lenguaje.» El subrayado es mío. Porque hay dos temas de los que se ha hablado más atrás y que yo quiero remarcar ahora: el primero, esa artificiosidad voluntaria y querida, que señalaba antes como característica de esta revuelta formal. El segundo, la vocación de modernidad que esta reflexión sobre sí mismo implica.

Como señalaba Barthes (de *Ensayos críticos* es la nota) sólo la modernidad se permite la reflexión del lenguaje sobre sí mismo, y sólo ella lo realiza desde el interior mismo de la poesía. Una nueva tortura a añadir a las que ya se plantea el escritor y que, finalmente, no son sino preguntas.

De la insatisfacción —vital, amorosa, ante el lenguaje— nace la poesía de Guillermo Carnero, nace toda la poesía. Aquí el hecho mismo de la escritura se presenta como el misterio fundamental, y el poema debe recorrer en su reflexión la espiral diabólica y, como en geometría —es decir, en mitología—, sin final. «Precisamente —dice Barthes—

como esta interrogación se hace desde el interior de la literatura misma, o más exactamente en su límite extremo, en esa zona asintomática en la que la literatura parece que se destruya como lenguaje objeto, y en la que la búsqueda de un metalenguaje se define en última instancia como un nuevo lenguaje-objeto, la consecuencia es... un juego peligroso con su propia muerte, es decir, un modo de vivirla.» No de otra cosa habla, al fin, la poesía de Guillermo Carnero, al que, por otro lado, se está nombrando en todo el ensayo que antecede a esto.

Leopoldo María Panero

Seguramente en el caso de Leopoldo María Panero es voluntario por parte del poeta y obligatorio por parte del crítico hacer referencia a la propia vida: a esa voluntad de autodestrucción, de un lado, y de autocontemplación de otro.

El malditismo voluntario es un fenómeno nuevo. Y es, antes que nada, una exacerbación —que desde la *normalidad clínica* podría llamarse esquizofrénica— de la lectura. Efectivamente, la figura de determinados malditos de lo literario carga su creación de connotaciones afectivas y simbólicas, las viste de lecturas que, en ese señor con bigote y gabardina que cada día entra a las ocho en la oficina, serían impensables. Seguramente, el malditismo no buscado, en el que irremediablemente acaba convirtiéndose cualquier malditismo, potencia experiencias creadoras impensables para el señor de la oficina. Y ésta es la fascinación que Leopoldo María Panero ha sentido y siente.

En los poemas recogidos aquí apenas hay alguna alusión a posibles paraísos —o infiernos— más o menos artificiales. En cambio, lo que sí hay es la presencia y resquebrajamiento de un viejo, perdido paraíso. La infancia.

Los mitos que aquí vuelven, en terrible recurrencia son casualmente esos semihéroes a trazos gruesos de los cuentos infantiles: al fin y al cabo, y como Propp demostraba hace ya mucho tiempo, en ellos, en ese conjunto de valores casi puro que son Peter Pan o El Llanero Solitario, está la escuela de moral de los ciudadanos en su momento de formación. Aquí no puede extrañar que aparezcan precisamente cuando dejan de funcionar y como símbolo a un tiempo de esos territorios perdidos y de la capacidad y la fuerza de la creación —de la vida— que de esas pérdidas va a surgir. Ya lo decía Bataille: «La transgresión se traduce en formas prodigiosas.»

Luis Alberto de Cuenca

Nadie como Luis Alberto de Cuenca rinde tributo a los orígenes culturales de la poesía. Nadie como él pone en el límite el acto de escribir y el acto de leer: no es extraño —y es muy bello— ese último libro suyo, *Museo*, en el que la propia lectura, las propias obsesiones literarias pasan a formar parte de una obra en la que el autor se siente tan implicado que ya es suya toda... La escritura entonces es un reordenamiento de lo conocido, de lo amado y anterior.

No era extraño este libro: está ya en los otros esta invasión de lo original, de lo tradicional instaurado, este concepto del poeta como redundante y como radicalmente *dejà vu*. Y no es la primera vez que se menciona en esta selección de poetas, si bien en el caso de Cuenca la atracción por la cultura le lleva casi a la erudición, y le abre el paso para sus propios fantasmas. Ahí la curiosidad cultural de Luis Alberto de Cuenca no tiene frontera: desde el cómic, en la lengua universal del dibujo, a esas tradiciones de los clásicos latinos y griegos e ingleses y franceses... o el cine americano —el único que existe— puesto tal vez al mismo nivel que los prerrafaelistas o que la epopeya de Gilgamesh, aquel mito primero de los hombres.

Queda claro que vale para Luis Alberto —uno de los más jóvenes— casi todo lo dicho sobre las preferencias formales. Y particularmente, sobre las funciones distanciadoras, sobre esa particular, diletante, escéptica convocatoria al mito. Como quería Michel Breal, «en el instante mismo en que el mito se explica, se desvanece: se puede decir que no existe más que a condición de que no se le entienda».

Jaime Siles

Del amor personal a ese otro casi místico, rozando el panteísmo y llamando oscuramente a la divinidad se mueve la poesía de Jaime Siles, el más religioso de los poetas aquí recogidos. Siente este joven profesor las vibraciones de la materia como manifestación del espíritu y muestra en los amores ese lado sublime y sublimado del sentimiento hacia el infinito.

Formalmente, los poemas, aun en aquellos casos en que han sido transcritos en prosa, se sienten como ritmo, como medida. Y son los suyos ritmos acentuales y cadencias tradicionales. Cuida Jaime

Siles la palabra, y aunque convoca ante cada poema la cita preferiblemente clásica, grecolatina, vuelve todo esto a la conversación sobre sí mismo, a la investigación sobre lo interior en que se piensa, finalmente, el mundo total.

Así, muchas veces, es el verso largo la suma de dos versos, como si en la medida que la respiración marca al ritmo castellano no cupiera la idea de la misma manera que en el mundo, en el cuerpo del hombre, no cabe el amor. El verso largo que instaurara el Veintisiete, sirve perfectamente —desprovisto de esos lados surreales, pero finalmente puesto en servicio de ideas metafísicas— a esa contradición.

Hay que decir que en estas búsquedas esenciales, Jaime Siles va purificando sus versos, que se hacen cada vez más cortos y precisos. Y no sería extraño que, puesto que formas y contenidos van indefectiblemente unidos, éstos, concentrados ahora por las nuevas formas, se dirigieran hacia otros derroteros. En el caso de Jaime Siles, como en por otra parte, la mayoría de los poetas aquí recogidos, estamos hablando de obras en construcción. De obras jóvenes en proceso, que, si bien se presentan como muy individualizadas y en las que podemos encontrar marcas personalísimas, es de suponer que vayan hacia adelante, redondeando sus propios caminos.

Luis Antonio de Villena

La poesía como placer y como artificio: Esa rara conjunción entre una vida entendida como *representación* y una literatura sentida, finalmente como razón de ser. Si es que para ser hicieran fal-

ta razones. La poesía de Luis Antonio de Villena
vale, según su propia confesión, en tanto en cuanto es goce: es decir, en tanto en cuanto sirve (precede, anuncia, recoge y prosigue) momentos de
existencia intensa. De alguna manera, y sin mo-
vernos de su poesía, tal parece que para ella han
sido marcados los rasgos diferenciales de la vida,
y que ésta —tan teatralizada, tan escenificada como aquélla— sólo funciona en tanto que medio
para vivir la poesía.

El más joven de los poetas jóvenes se dio a conocer en aquella antología que preparó Antonio
Prieto, prologada por Vicente Aleixandre, que se
titulaba *Espejo del amor y de la muerte* y su *carrera* ha sido fulgurante: ya es de Villena un valor seguro de la poesía española, quehacer que
comparte con una insaciable curiosidad cultural,
crítica y literaria, que se plasma en numerosos ensayos de creación auténtica —que no pueden, por
otra parte, dejar de marcar su propia poesía.

No extrañará al lector saber que él es uno de los
poetas en los que se pensaba —de los que se estu-
diaba— al marcar las diferencias de esta revuelta
formal que se indica en el estudio. Para él valen,
pues, la mayoría de los datos considerados como
más generales. Por ejemplo, vale la utilización,
que muchas veces es descubrimiento —ver su «tal
vez Poética»— de la tradición literaria, una tradición que arranca de Cernuda y Aleixandre, de
Konstantino Kavafis, que pasa por lo más orien-
tal de la cultura para tomar en ellos, no sólo la
fuerza de instaurar una tradición literaria en que
la escritura, soberanamente autónoma, enlaza con
la vida, sino para elegir *la cultura como máscara.*
Efectivamente, no es difícil notar cómo esas referencias funcionan a modo de patrones, de di-
ques de contención contra cualquier tentación uti-
litaria, y también, como fuentes y modelos de un
cánon en que *la felicidad* —entendida sin duda

como la concreción del momento del placer— es el valor fundamental y primero. Tanto para la vida como para la poesía. Y tanto para el escritor que encarna una y otra como para el lector. No hace falta decir que estos momentos de intensidad existencial pertenecen a muy diversos órdenes y que el de la contemplación, el de la conciencia del existir, es uno de los posibles.

Por supuesto, no puedo estar de acuerdo con la calificación de *poesía satisfecha* que se le ha atribuido alguna vez. Feliz en momentos, en tanto que *sentirse ser*, incluso, alguna vez, en la profundidad del caos. Pero radicalmente buscadora, obligadamente escéptica, furiosamente elitista, la poesía de Luis Antonio de Villena sabe que la fusión poesía-vida pertenece al reino de las máscaras, y que el artificio como productor de belleza lo es al tiempo de la insalvable sensación de mundo que hubiera podido ser y no es. En la necesidad de creación de un paisaje nuevo que permita el desarrollo de ambas: de vida y de poesía.

Naturalmente, Luis Antonio de Villena no cree en paraísos, y por eso, muchas veces, fabrica sus máscaras. Además, su poesía —su vida— está regida por la inteligencia, más allá de los sentidos: y la inteligencia nunca está satisfecha. Felizmente.

ROSA MARÍA PEREDA

Bibliografía fundamental

CASTELLET, José María, *Nueve Novísimos poetas españoles*, Barcelona. Barral Editores. 1970.

MARTÍN PARDO, Enrique, *Nueva poesía española*, Madrid, Scorpio, 1970.

PRIETO, Antonio, *Espejo del Amor y de la Muerte*. Antología de poesía española última. Presentación de Vicente Aleixandre. Madrid, Bezoar, 1971.

MARTÍNEZ RUIZ, Florencio, *La Nueva Poesía Española*, Madrid, Biblioteca Nueva, 1971.

Tercera Antología de Adonais, Madrid, Adonais, 1973.

Poetas españoles poscontemporáneos, Barcelona, El Bardo, 1974.

POZANCO, Víctor, *Nueve poetas del resurgimiento*, Barcelona, Ámbito, 1976.

GRANDE, Félix, *Apuntes de poesía de posguerra*, Madrid, Taurus, 1970.

JIMÉNEZ, José Olivio, *Diez años de poesía española*, Madrid, Ínsula, 1972.

CARNERO, Guillermo, Revista *Poesía*, número 2, Madrid, 1978.

ASÍS, Dolores, *Antología de poetas españoles contemporáneos 1936/70*, Madrid, Bitácora, 1977.

GONZÁLEZ MUELA, *Nueva poesía española*, Madrid, Alcalá, 1973.

— *Gramática de la poesía*, Madrid, Planeta, 1976.

RUBIO, Fanny, *Las revistas poéticas españolas*, Barcelona, Turner, 1976.

CORREA, Gustavo, *Antología de la poesía española*, 2 volúmenes, Madrid, Gredos, 1980.

«10 años de poesía española», *Moneda de Hierro*, números 3-4 (extraordinario), Madrid.

Antonio Martínez Sarrión

Nacido en Albacete en 1939. Es licenciado en Derecho por la Universidad de Murcia. Cofundador y codirector de la revista *La ilustración poética española e iberoamericana.*

OBRAS PUBLICADAS

Poesía impura, inédito.
Teatro de operaciones, Cuenca, 1967.
Pautas para conjurados, Barcelona, 1970.
Una tromba mortal para los balleneros, Barcelona, 1975.
Canción triste para una parva de heterodoxos, Palma de Mallorca. 1978.
Poesía 67-80, Madrid, 1981.

TRADUCCIONES

Las flores del mal, Barcelona, 1977.
Cantos de Maldoror, Madrid, 1979.
Poemas. J. Genet, Madrid, sin publicar.

Los poemas reproducidos en esta antología están editados en los siguientes libros: «El cine de los sábados» y «Paisaje ideal para P. E.», *Teatro de operaciones.* «De la inutilidad de conspirar...», «Speaky-Easy» y «L'Attente», en *Pautas para conjurados.* El resto de los poemas pertenecen a *Una tromba mortal...,* excepto el último que fue publicado en la revista *Papeles de Son Armadans.*

La poética es la misma publicada en la antología *Nueve novísimos.*

POÉTICA

Cuando uno empezó a escribir poesía relativamente en serio y pensando que aquello podía durar toda la vida, estaba en su mejor momento lo que hemos venido llamando poesía social. Uno escribía poesía social. Aquello estuvo muy bien. Fue necesario, mejor aún. Habrá que hacer algún día, cuando las aguas vuelvan a su cauce, un estudio en profundidad de aquella tendencia y constatar sus aportaciones más válidas, menos erosionadas por el tiempo.

Pienso que el método debiera ser —como en las mejores corrientes vivas de la crítica— una confrontación dialéctica del artista y su medio, dentro de una perspectiva de totalidad concreta (es decir, que no escamotee ninguno de los dos términos reales) y en el seno de la cual el arte es el producto de mayor categoría espiritual de la historia del hombre. Entonces podrá apreciarse qué es lo que podían conseguir aquellos escritores, cuáles fueron sus intenciones, cuáles sus resultados y cuáles los talentos de que estuvieron dotados.

Esto de la poesía, como todo, es en gran medida un aprendizaje, una continua incorporación. La lección que aquellos poetas debieran sacar es que habrían pecado —paradójicamente— de idealismo y su obra se resintió de falta de calidad en muchos casos, porque olvidaron la relativa autonomía de la creación artística y la resistencia de la palabra poética. Subvirtieron los términos, separaron lo que sólo de una manera falsa puede destruirse, a saber: el mutuo condicionamiento e interactividad de lenguaje y significación. Cayeron en la trampa del contenido que es la misma trampa del formalismo, es decir, la abstracción. En los más dotados o al menos en algunos de ellos, hubo además un problema de agotamiento, de autoplagio, de congelación.

De cualquier modo la práctica de su oficio —creo que se puede hablar de oficio poético, todo lo poco cotizable que queramos en el marco de un sistema total irracional— no cabe duda que nos aportó un enorme caudal de experiencia dentro del cual se cuentan los callejones sin salida que había que superar.

El pasadizo ciego más patente, a mi modo de ver, fue que la poesía no podía ser en nuestra circunstancia un instrumento de agitación política. Lo fue en Maia-

kovsky, en los Alberti y Hernández de la guerra civil, en Neruda, en Nazim, pero ninguna situación histórica se reproduce mecánicamente, y hasta es posible que lo más perdurable de aquellos poetas sea la lucidez de comprender esto y la nostalgia consiguiente de no partícipes en un momento en que poesía y revolución se identificaron. Había un buen componente de noventayochismo pasado en todo esto, además.

Más anacrónicos se me antojan los que, partiendo de un humanismo pequeño-burgués o evangélico, trataban de conmover el corazoncito de los instalados o a punto de instalarse. Aparte de que eran mucho peores.

Todo lo anterior, tengo que insistir, hubo que aprenderlo prácticamente, *no pudo ser evitado. Esta reflexión, que me parece compartida por algún miembro de mi promoción, se ha visto acompañada de un fenómeno fundamental: la apertura cultural de los últimos diez años. Voy a poner ejemplos para evitar confusiones.*

Acceso más fácil a libros editados en el exterior, fundamentalmente en Latinoamérica (las ediciones en nuestro país eran absolutamente deleznables y no me refiero sólo a poesía) considerados hasta los últimos años 50 como clandestinos o poco menos; conocimiento de lenguas extranjeras (radicalmente básico en la formación de un poeta), vivos contactos personales, viajes al exterior, interés por otras formas culturales, no literarias en sentido estricto, muy evolucionadas y de sorprendente madurez y exigencia (cine, música folk, blues, jazz, tendencias pictóricas como neo dadá, pop, comics últimamente, etc.). Este dato de avidez y curiosidad apasionada por las vanguardias mundiales me parece decisivo en la formación de los poetas de mi generación.

Es ya tópico hablar a estas alturas del impacto de la última narrativa latinoamericana, que nos ha hecho recordar que utilizábamos un lenguaje y no un arenque fosilizado, si se atendía a lo que escribíamos los autores españoles en castellano. Gran parte de aquellos escritores se nuclearon en torno a la gran revolución cubana y de allí nos fueron llegando revistas y libros que daban fe de la libertad y potencia de la cultura viva del subcontinente. En el terreno estrictamente poético fue conmocionante el descubrimiento de verdaderos poetas malditos en nuestro idioma como Oliverio Girondo, Luis Cernuda y Octavio Paz.

En mi caso particular tengo que hablar, creo que es visible en mis poemas, del eco del primer Eliot, tal vez de Pound y sin duda alguna de los surrealistas, movimiento éste mal entendido por casi todos aquí o defor-

mado para su repugnante uso por algunos filibusteros incalificables.

Ciertos alumbramientos de Breton, Benjamin Péret, Soupault, Char o Queneau, permanecen vigentes y utilizables dentro de un contexto cultural específicamente español que despoje a aquéllos de abstracciones y vagorosidades insuflándoles humor y acidez. Al menos así lo creo y trato de ver si es cierto.

Pienso que somos muy conscientes de las limitaciones que, respecto al alcance de nuestra obra, existen y existirán. Es con toda seguridad anacrónico y disparatado el sistema de ediciones minoritarias, mal distribuidas, dispersas y leídas por la tribu iniciática. Tal vez en un clima revitalizado de la cultura española pudiera existir mayor audiencia. Tal vez ha ocurrido así con toda vanguardia. Tal vez la cultura literaria retroceda. Soy poco, muy poco optimista en esto.

Lo que me parece cierto, sin perder nunca de vista la función, en términos concretos, del intelectual en su sociedad y en la historia como proceso inacabado, es que en arte no existen pasos atrás y que seré consecuente si permanezco fiel a una vocación que se me aparece —en los peores momentos— como la más fantasmal e incierta en un sistema total abocado, por ahora, a la barbarie de la fragmentación.

He preferido en estas notas hacer un sucinto, torpe y muy personal balance histórico de la poesía española en castellano desde, digamos, la posguerra y una constatación de influencias y fuentes notadas en mi tarea y prescindir de la elaboración, insufrible para mí, de una POETIKA (perdón Cortázar) al uso, tras los delirantes excesos de J. R. J. (véase «Estética y Ética Estética») y de la mediocridad general de las poéticas insertadas en las antologías circulantes últimas y no tan últimas. Me parece ejemplar, y en tantas cosas más, la coherencia a este respecto de Jaime Gil de Biedma, cuyas respuestas a un reciente cuestionario podían contenerse en una línea.

PAISAJE IDEAL PARA PAUL ELUARD

chalanea paul eluard en la vendimia
por ver de ser único comprador
de los sarmientos que arrojaran al fuego
si no hay licitador
puja la maravillosa entre dos copas de vino
apoyada en el hombro del poeta
le instruye —es débil— le indica
con el avisador de la bolsa en la mano
cómo ha bajado el dólar es culpa
ya es sabido
de los malditos guerrilleros negros
que hoy conquistaron denver
y la maravillosa
cuando los torvos comerciantes y sus rameras se
                                    [han marchado
sobándose y sobando los dineros
busca los labios del poeta
con movimientos lentos y acariciadores de la ca-
                                    [beza

EL CINE DE LOS SÁBADOS

a ramón moix

maravillas del cine galerías
de luz parpadeante entre silbidos
niños con sus mamás que iban abajo
entre panteras un indio se esfuerza
por alcanzar los frutos más dorados
ivonne de carlo baila en scherazade
no sé si danza musulmana o tango
amor de mis quince años marilyn
ríos de la memoria tan amargos
luego la cena desabrida y fría
y los ojos ardiendo como faros

DE LA INUTILIDAD DE CONSPIRAR
EN LIBRERÍAS DE VIEJO

A Carlos Lles

Afrontar el desastre con los sueños
Halcones remachados a los guantes volatería
de los cuadros de género alas en las vitrinas
emplomadas
    (Campo interior Alondras recordadas en el alba
    bajando de luchar del Guadarrama)
Patetismo
de las momias rezando en los estantes
la sorda letanía de la guerra
del impudor de unos y las ganas
de morir o matar de las milicias
Aún están rodeando al viejo pulcro
al librero de viejo
ante los anaqueles abrasados de polvo
acariciando con manos temblorosos libros de bo-
                         [tánica
las mostrencas teorías de Koprotkin
bajo la sucia luz de una bombilla
                       Historia
ya tapiada viejo tiempo maldito
con interrogatorios a las sombras
Dado caído inexorablemente
pese al Gobierno de Negrín los tanques recién he-
                    [chos en Jarkov
los consulados del alcohol en el Hotel Florida
el imbatido amor a la verdad
                  Y de este modo
el invisible mago de los libros
el hombre de las trenzas conservadas en talco

recibe cada tarde las visitas sonámbulas de los vie-
[jos repúblicos
de las muchachas de las sindicales
mansamente vestidas ahora de marrón Y se intenta
remover la vergüenza Se convocan en sueños
las cohortes brutales de los senegaleses
en las pocilgas de Argéles
el culo al viento los torrentes
de lágrimas inútiles
mientras la historia de los hombres sigue
ante sus ojos congelados

SPEAKY-EASY

A Vicente Molina-Foix.

por favor la patrulla que oís se compone
de jelly roll morton
y gente olvidada por favor
su descanso precisa
un gris pañuelo tabaco
turco tal vez gotas
de limón en las sienes plateadas

no despertadme sobre todo al bicho
preparadle algo fuerte julepe
de menta por ejemplo yo quiero
yo quiero locamente
—techos artesonados luz verde de tulipas—
salir vestido de payaso al ring
alzarme con el triunfo resistir por lo menos
hasta el séptimo asalto

se incorpora el piano
con un botín de máscaras queman
resina en los pinares y aquí estamos
con fondos monetarios que yo no sé
con lámparas fundidas con diademas
de un falso escandaloso todavía rodeados
y la carne
se pudre por quintales
                              por favor
esa muchacha negra esas tazas de *bourbon*
esos silbatos en la madrugada
ese coche que arranca sordamente
en el límite mismo de los sueños

L'ATTENTE

(RICHARD OELZE)

la dama de las pieles
mira regocijada
la encallecida nuca de los asnos
sueña una vez —paciencia—
silenciosa otra vez
mira con todos
la milenaria noche
la botánica noche cimarrona
los embotados son todo sombrero
muelas del juicio cieno
en los bolsillos más ocultos
qué esperan?
el triángulo con el ojo voyeur?
el dictado
de tablas más acordes con los tiempos?
los dioscuros domadores de potros?
un simio-planta
con un visible ataque de disnea
un lujurioso mono en la floresta
atrae el deseo de la encorsetada

THESAURUS DE I. M.

Y como andábamos ya cerca del milagro
decías al azar: «Me gusta Dylan.»
(Los roídos tablones que acuna la marea,
el albo flamear de las gaviotas
en la encendida niebla, ese fresco saludo
al ocaso, su gesto
ya más dulce) «¿Sabes? Fue un accidente»
(Desiertas calles coloniales
a la luz fantasmal del lento atardecer...)
Calló tu voz en el teléfono
y repentinamente: Todavía no hemos muerto
te lancé como un rayo, vente
con algo de beber
y sola si es posible.
Vente —decía (discursos exteriores)
con tus ojos de niña asombradísima
que ha robado manzanas en el huerto mayor de la
                                            [cartuja,
música silenciosa, pequeña perfumada de limón,
joven rama florida, mal amada,
te espero. Y te oía
discutir de minucias, de modos
de transporte, de cruces peligrosos,
de ascensores no seguros del todo. Y así,
como ya retrasabas y andábamos por bien pasadas
de Nashville,   [luces
Dylan dejando su palacio púrpura
acompañó un buen trecho nuestros pasos
mientras tú me besabas en la senda borrada
por las vencidas hojas de los alerces.
Se condensaba tu minúsculo aliento
en grises nubecillas, oh esbelta, rabiosísima,
sensitiva a los aires *country songs*.

77

No temas, enlazada,
no se había vuelto a su refugio de espejos y nieblas
el callado muchacho del Mayflower,
si bien algo cansado
cantaba todavía para nosotros *Lay
Lady Lay* o *Desolation Row*.
¡Tantos siglos de espera, tanta hiel,
tantos amaneceres ateridos
junto a híspidos cuerpos sin sabor ya y remotos!
Vamos,
            pantera. Sigue
girando el disco en grandes plataformas
lunares. *Golden
Years*, mi corza. Qué lágrimas
inmensas y felices frente a la calma del desbor-
                                    [dante otoño
convocando a los tímidos venados
con su oxidada trompa.
            Solos,
oyendo al Brujo, qué tarde, qué tardísimo,
qué de repente, alegre, dulce mía,
has comprendido toda mi canción.

DUCHESSE DE NORMANDIE

Con lunares postizos como las Silenciosas
paseas por la vulgar barriada de los ricos
vibrando en los incendios del color amarillo
fichando marquesinas y criados
para la fiesta tentacular del fuego.
A pie firme resistes el verano. Mientes
en danés. Asabas la noche ¡oh loca de ojos hú-
                                    [medos!
en imposibles barras de bares periféricos
pidiendo con voz ronca una copa no más la última
                                    [copa
de espesa menta y una mirada amable
que borre tanta llaga, tanta
bajada a los infiernos, deseados, lo sabes,
desde los días dorados de Palm Beach.

EULA VARNER/ORNELLA MUTTI

Acércate. No temas: irradia horror
pero siempre el horror
hizo crecerse a los mortales. Hinca
tu hocico, hoza perfumes inabarcables, roces
de hembra-delfín. Gasta tu tiempo: el vendaval
es su propio elemento. Aspira: aquí está la en-
No temas al volcán   [tregada.
de mantillo podrido y perfumado. Acércate: la
                                          [gasa
se comba sobre el seno palpitante. No escuece su
                          [zarpazo: es visitable,
casi es acogedora desde que pisa el ruedo.
Acércate, su trono —es un efecto óptico—
sólo a primera vista se orna de sangre y médula.
                                       [Estofada
de anchas volutas de organdí, irradia horror —te
                                     [han dicho—
transpira opacidad y calentura. Teme —te han di-
los nupciales asaltos de la Reina: Eres   [cho—
sólo el pulgón, sólo la larva zángana. Ya ves aho-
A veces opalina cual medusa,   [ra que no:
a veces material y reptante como un atroz ciem-
arrastra su dulzura hasta tus labios, besa   [piés
tus párpados, coge tus manos y las funde
a su espalda arqueada por espasmos. Abre su
                                         [trompa
—grácilmente retráctil— y la embriaguez te anega.
Succiona, ahora entregada, caen sus toscos ves-
                                         [tidos
olorosos a tampax y a colegio de monjas. Apenas
ofrécele tu polen, hazte con la Gorgona   [púber
un puñado de lava incandescente. Ya sois indiscer-
                                         [nibles

como el agua y las náyades. Ya la espuma rugiente
                                  [de los acantilados
se acerca a vuestras ascuas. Ya reventáis erguidos
                                  [y magníficos.

Ahora: Forma, Piedras,
profundísimas huellas del deseo en terrazas basál-
aluviones   [ticas,
de afirmación ante el silencio hosco de los astros.
                                  Una vez más
el orujo apiñado en los hondos lagares
conmemora que un día fuisteis dioses.

SE ACABÓ LA MOLICIE

Gigantismo de la carpa. Susto
en los cielos. Trabaja
Elohim en el trapecio.
Vengan a verle las nalgas.

UMMAGUMMA

Pink Floyd

> Y llena de sus flores el jardín,
> fuego apacible.
>
> HÖLDERLIN

El torrente ha surgido: atronador y cáustico
ingresa matutino y manoteante
y estamos en la almendra del metal, casi estamos
                              [ganados
al instante. Y bien: su fuego cede bríos.
Por él subimos y bajamos ahora
a cuenta del perdido tobogán, si bien el minio
en lugar del antiguo maderamen   [brilla
recubriendo a brochazos algo toscos
caballos, cerdos, cebras
hipopótamos, sierpes, basiliscos...
Y es que las fieras se lamen las patas,
por eso se recortan tan eléctricas,
tan rodeadas de agudos insectos. Y por eso subi-
porque quieren   [mos,
permanecer sedentes e imperiales
entre el minio y los troncos trabajados
a la orilla del mar como los barcos pobres.
Mas no asustarlas sin necesidad, no asustarlas,
                              [que el viento
planea en remolinos dejando alrededor
aromas acres, ganas, que las garras no pueden
aunque su imperio sea suyo eterno   [sofrenar
y torvos movimientos cinegéticos, giros,
no puedan arruinarlas con gabelas
impuestas sin los trámites «ad hoc».

Ni siquiera estamos inmunes a la cobra,
agazapada bicha que silba el *blues* también,
ni siquiera a la cobra de juguete, anillable, con-
aunque exista un conjuro,   [tinua,
una rígida fórmula especial para el caso
fruto de unos samaritanos olvidados: El temple,
Orden Mayor del Sueño,
que cabalgan las tardes oscuras de granizo.
No se disfruta, pues, con el brío adecuado
y de ahí la desventura de los tiempos,
de ahí que la manada
abandone baldíos rumbo a las altas torres bisela-
                                   [das de Urano,
de ahí la conocida carcajada de hiena —esto sí es
                                   [de cuidado—
la espasmódica risa tan colérica que anuncia in-
                                   [filtraciones, es decir,
desapego de fieras, sucios mazos de cartas, otra
                                   [baraja más, juguemos
fuerte. Y da las cartas entre risas Pan, une lo vario,
juega con el lentisco, de sus manos
toda la sal se filtra en la hosca tierra. Tiemblan
con el azacaneo de la brisa. Vuelan   [las hojas
pájaros de colores restallantes, el sol hace ca-
forma charcos de luz entre la hierba   [briolas,
que aún falta para siega y adelgace.
Porque el tiempo traiciona, milímetro a milímetro
                                   [traiciona
la esperanza de unir lo discontinuo, de asegurar lo
                                   [trunco,
todo tiempo es traición y dados romos.
Pero ¡haya gozo ahora! ¡Sean los saltos en el ai-
                                   [re! El cielo
es cierto y es violáceo y conjurable. Las murallas
                                   [se hunden en la escarcha
al embate total de la Energía, las bajadas del vér-
                                   [tigo
han sido diseñadas para la más profunda compa-
y el aire sigue siendo   [sión

el más barato medio de transporte. La luz, cenital
                                         [ahora,
esconde al fin las rozaduras. No prevalecerán so-
                                         [bre este gozo
los muy toscos pespuntes de los días.

* * *

Con el amanecer surgen las mariposas,
las grandes mariposas con ijares. Alguno
corre por los vestíbulos con desplazadas luces.
Y se asoma miedoso
al alba que aparece en goteantes racimos. La brisa
mueve las campanillas con sus párpados leves,
paseando su roto escalofrío
por los flexibles lomos de las bestias. Presencias
                                         [juguetonas
por todos los rincones de la casa: tiemblan las
                                         [lamparillas
en los vasos ungidos, las capitales sombras
trazan en las paredes fiestas de ritual. Hay enanos
                                         [de fieltro
que portan sacarina en enormes bandejas. Luego,
                                         [picos al hombro,
buscan piedras preciosas, finas huellas del Dios.
Pero mirad, mirad los Turbulentos, mirad al En-
                                         [viado del Terror:
avanza torvo y ciego por caminos de grava eriza-
chillan los pavorreales   [dísima,
aventando pavesas que se elevan oscuras, se rajan
                                         [los doseles
dando con los Inciertos debajo de las mesas. Como
una canción de cuna: las ovejas   [final
arropan a sus crías, la luz va abriendo un trabajo-
                                         [so surco
entre ramas caídas, el hilo de las fuentes
moja las calcinadas extensiones del talco

84

mientras en los apriscos
los chivos entrelazan sus incipientes cuernos.

* * *

Tocan ahora a rebato
y es una inextinguible llamarada
una coloreada invitación
que escribe siempre a mano el regio huésped
para las lupercales del año primordial. Todo trans-
[curre
en espera dichosa. He aquí los frutos secos
que enfilaron las cámaras en tiempos abundosos.
Las cigarras
fueron las enviadas de la altura: mironas,
a través de su bien visible estigma
decidieron de partos, de mal de ojo. Se comban
Las cigarras
por su doble repliegue occipital y ved en la pan-
[talla
unas lejanas luces contra los ajimeces: sirven en
[los salones
copas al pordiosero, cae zumo de moras de los
[estucos, llueve
fuerte, salimos a la extensión del día, de las torres
se vuelcan los palomos conjugando sus vuelos
con la energía más honda de la savia. Galopes que
[se acercan
como el latido de mil corazones, cardos a la in-
[temperie
que se abrasan al sol. Todo es color de fiebre,
incendiadas estancias, frío fuego cobalto
circundando las frías pupilas del venado.
Caronte ofrece puros con su propia vitola,
comienza a recubrirnos la cortina de humo,
proas de esbeltos barcos que conducen los cínifes,
lentitud del avance, está gris perla el cielo, los ca-
[dáveres
son arrojados por la borda entre risas y cánticos,

han sido disecados los estanques: ni rastro del
[anillo,
milanos amaestrados regresan a los guantes
con la soñada presa,
agua alta despeñada, parajes de esmeralda, oro
fundido entre los dedos, cascos otra vez contra el
[sueño,
mástiles y caimanes ofrendados. Novicias resplan-
[decen
en las altas, fulgentes celosías. Túneles de turque-
[sas. Punición
por el uso del tajo: saltan lenguas cortadas
en el canasto de la Luz Primera. Los derviches
danzan sobre los cuerpos acompasadamente:
AMITHABA   AMITHABA   *Registro*
de la transmisión de la lámpara
Toda la noche un loco fuego fatuo, toda la tierra
[diástole.
El leopardo ha arrasado la floresta, sueños halla-
[dos, flechas
que alcanzaron el blanco, cuencos arrebatados
con apagados gritos al verdugo.
He aquí los frutos: huellas de manos neolíticas
a la luz humeante del hachón. Las carnes macera-
[das lentamente
de los leprosos pueden transformarse
en los trigales que ondulaban, altos
como la claridad del no-saber.

El silencio es un lento calderón
que apaga una a una las estancias
con su veste de lino azafranado.

W. A. MOZART DA UN CONCIERTO DESDE LOS FILAMENTOS DE UNA BOMBILLA

Con tal expedición estás salvado:
                                    escuchas
la lenta ondulación de la luz matinal.
                          Deja estar anaqueles
que sólo almacenaron terror y letra muerta. La
                                              [ronda
de los átomos te da razón de ti. Todo, todo es
                                              [nupcial.
Da generoso testimonio de ella. Da porque un día
                                              [fuiste
fantasma de la música, puro espectro sonoro
en los despeñaderos del color.
Te has postrado en silencio, alabas cada hoja
mecida para ti por la brisa estival. Pura,
vítrea mañana, alto signo lustral
que nunca bajará del cielorraso.
La carne que ahora es tuya, toda,
por primera y amigable,
es una y compartida. Todo vibra en la luz. Ante
                                              [los focos
te estremecen las lágrimas, tiemblas perdido en ti,
buscas cobijo
como el animalillo al que sorprende el viento
en el sombrío bosque
y todo el viento es él.
Fieras color topacio se han posado a tus pies,
lamen tus manos. Henri Rousseau
te asalta desde el marco llameante
y celebráis con risas la evidente verdad.

CANCIÓN TRISTE PARA UNA PARVA
DE HETERODOXOS

Cuando nos quedan tan pocos principios
(y los más importados)
resulta estimulante convenir
con el maldito ciego de Puiseaux: «El Espejo —El
                                                [Papel—
es una Máquina». Que repite —añadamos—
capitulares sucesivas y únicas
con la misma pulsión esquizofrénica
que aherrojado copista medieval. Es decir, miente
(y mucho).
De este modo sucede —si le das tiempo al tiempo
                                    [(¿Pero más?)
desahogo a la eclíptica de los humanos cuerpos
el siguiente prodigio— o paradoxa:

Aún sin explorar los baldíos de Aragón o La Man-
                                                [cha
y a fin de levantar el trazo de sus costas,
han de cruzarse a nado o espejismo
los poco sugestivos cráteres de la luna
con las ropas prendidas de los dientes,
para no despertar las venéreas ansias del Mastín,
cayendo, al terminar la amena travesía,
en tal pozo de fieras —como Daniel el Necio,
que el zotal es perfume de violetas
comparado al aroma de la gruta: esa espesa pla-
de tanteos, lamentones, *cunnilingus*.   [centa
Tras este circuloquio espacial, prescindible,
un día es posible que reviente el ántrax,
doblado ya de cáncer, color salmón, un algo puru-
secular alimento   [lento
de las voraces moscas borriqueras

que acompañan de siempre el canto de las jotas
aplaudiendo al final.
Otros procedimientos: verbigracia
el empleo de sales sulfurosas, fomentos, arsenia-
[tos,
se revelan poco potentes tríacas: los tósigos
han implantado ha tiempo su reinado,
conjugando colores tal en yo-yo infantil,
como estampadas puestas resueltas en añicos
que defendieran mil supermercados.
Y es que en esos vedados que revelan luminarias
[de sodio,
incensados por los más virulentos *sprays,*
en esos cuévanos (oídos machacados por la este-
[reofonía)
se representa hoy —como en los viejos tiempos
en espacios sagrados: Eleusis, Globe Theatre,
con untuosas, que no catárticas *stanzas,*
los ligeros misterios del alma vertebrada y ciber-
[nética

No señora (¡qué zorra!) es poco de temer
que tenga que arrojarlo por la borda
al llegar a su piso. No,
no se volatiliza tan aprisa. Resiste
los primeros vapores vaginales. Cómo se atreve,
[no,
esa sustancia es estupefaciente. Si se corta dos
[dedos
los guantes son espléndidos, seguro, última
«fashion». No. Son cosas del Consejo
solemos devolver tan aprisa el cadáver. Señora
yo diría que de alguna manera,
aún «sub specie aeternitatis»
esto es más bien, señora, el despelote.
«Y diga, señor mío,
¿antes fuese mejor el panorama?»

«Señora, ni dudarlo: Aire puro de Marcha: Mon-
Nevadas / Banderas al Viento»   [tañas

«¿Y antes, antes aún de antes? Caballero
hable de mechinales, sótanos, entresijos de la his-
«Madame, para un viejo   [toria»
una niña tiene siempre
el pecho de cristal»
(Lo hace añicos con piedra escurialense berroque-
                                         [ña)
Y sin embargo, sí, había horizonte:
chopos en sedentaria desbandada
que han tocado el silbato, que detienen. Atardece,
y en borrosa distancia entre los bojes
un pedestal con Filomela, Lisi, piadosos eufemis-
                                         [mos,
porque si no la ergástula, el vaso de ricino,
porque si no la podre, el *decíamos ayer*,
porque si no la crátera conteniendo cicuta
o cianuro espumoso o gas Zyklon. Si, chopos,
—para no ir más allá— de Salamanca
la de las altas, tensas, poliédricas lunas.
¿Dónde, dónde, Oh señor maestresala del convite,
aquel manso conjurado en Plotino,
dónde el fraile colérico
azufrado mil veces por los inquisidores?

¿Dónde el otro irritado, vomitando a los necios
su cojera, malquisto eternamente
entre la mierda de los escalones, *«Mentidero
de Madrid...»*, tropezando, como topo que era,
entre los rancios hábitos,
las nauseabundas estameñas, las cruces laureadas
de leguleyos, de memorialistas,
de helados mariscales
en el último grado de la más desopilante perlesía?
¿Dónde, luego, el bujarra
de nariz corva y adustísimo gesto entre las orlas
                                         [fúnebres,
el de olfato infalible para todas las gemas prohi-
aquel loco variólico,   [bidas,

90

cantado por su tocayo Luis (y a este aplicable);
El andaluz envejecido que tiene gran razón para
[*su orgullo?*

O el otro, el cándido, el que volaba solo,
antes que los hermanos Wright,
antes que William Blake, su socio,
en el más inaudito negocio
que los antiguos tiempos contemplaron,
puesto que la ganancia suponía de suyo
la perdida total, la quiebra padre.
O aquél de más acá; el moribundo
con la barba crecida de semanas,
pues ya ni barberías ni barberos,
ni Leonor, ni paramera, ni álamos,
sino una procesión de perdedores,
sino un hotel maldito en la frontera
y allá la muerte trova, agazapada,
un remoto poema provenzal que habla de exilio y
[duelos.

A ellos se encomienda este ejercicio.
Y termino.
Termino desde luego maldiciendo.
Entre mefíticos vapores, entre velones,
el cadáver se esponja, supura, ingresa y sale,
crecen sus negras uñas y las pinta
con un esmalte azul mahón. Así ataviado
nos invita a los fastos, a participaciones de bau-
y sobre todo a sus depredaciones.   [tismo,

En la más alta noche
cuando hay fiestas en Marte con farolillos chinos
y buñuelos de viento
y horrible anís a diez duros el trago
entre un rasgueo sonámbulo de guitarras eléctri-
este copista en *background*   [cas
y un gato neoyorkino bien drogado
le lanzamos encima el impotente ensalmo:
I'm gonna stop wastin' my time

Somebody else would have broken both of her **[arms**
Sad song
Sad song
Sad song
Sad song.

Jesús Munárriz

Nacido en San Sebastián en 1940. Licenciado en Filología alemana. Fue director de la editorial Ciencia Nueva. Cofundador de la revista *La ilustración poética española e iberoamericana.* Actualmente es el director de las colecciones «Libros Hiperión» y «Poesía Hiperión». Cofundador de la revista *Hiperión.*

OBRAS PUBLICADAS

Poesía:
Viajes y estancias, Madrid, 1975.
Cuarentena, Madrid, 1977.

Ha traducido a Hölderlin, Pieyre de Mandiargues, etcétera. Es autor de numerosas canciones y, junto a L. E. Aute, del disco «Forgesound».

Los poemas aquí reproducidos, los tres primeros corresponden a *Viajes y estancias,* los tres siguientes a *Cuarentena.* El resto, inédito.

POÉTICA

haz lo que quieras, pinta como quieras;
el impoluto lienzo de la página
pasivamente aceptará tus huellas.
hiéndela libremente, sin prejuicios.

pero no te abandones a las facilidades,
no desmayes la guardia,
sé siempre muy exacto.
que lo que digas surja desde dentro,
que las cosas se nombren a sí mismas,
que las palabras jueguen
a juegos de palabras, si les gusta,
y que tu propia vida
vaya manchando el verso con sus botas gastadas.

FUERA TAMBIÉN PRECISO

Fuera también preciso
evocar estos juegos ecuménicamente
y atravesarlos de improviso
entre las letras
porque así en las más simples caligrafías quedan
y escudriñan los hombres su ombligo literario
y cada anotación del tiempo lleva
miles de salvaciones, millones de oquedades
y un regustillo amable
propio de cultos semovientes
en la marca inconsciente del instrumento gráfico
donde por un segundo
materia y energía
inútilmente ensayarán un coito
a la fuerza interrupto.

ALGUIEN ME HABLABA UN DÍA

Alguien me hablaba un día
de un antiguo farol.
Colgado de una esquina del porche que rodea
la morada iracunda de la noche,
su débil luz hacía destacar de la absoluta nada cir-
                                          [cundante
un rosal que, abarcando ambos lados del ángulo,
daba sentido a aquella arquitectura.
Una rosa
es una rosa.
Una rosa negra
es una rosa negra desplazando de un fondo de ne-
                                          [grura angustiosa
un círculo perfecto hundido en su contorno.
Un rosal como aquél,
donde las rosas, hartas de oscuridad, en círculos
la enmarcaban, austeras,
era un infierno vegetal y activo
de tormentos cromáticos.
El farol, en lo alto, alumbraba perplejo lo que no
                                          [comprendía.

LA DULCE NIÑA DE LAS TRENZAS DE ORO

La dulce niña de las trenzas de oro
que soldados soviéticos izaban
a sus tanques en el cuarentaicinco
¿es la misma que, hoy ya mujer, me ama
y abalanza su pelo salvador
sobre el asombro de mi rostro?

Sólo sé que tú entonces llorabas, asustada,
y que hoy los dos reímos de habernos encontrado.
Y que siguen los rusos en tu patria.
Y que nunca llegaron a la mía.

LOS ROJOS NO USABAN SOMBRERO

«los rojos no usaban sombrero»
ni corbata,
ni coche,
ni siquiera zapatos.
calzaban casi todos alpargatas.
gente de poco gusto.

ERA FILÓSOFO Y JUDÍO

era filósofo y judío,
probablemente rojo.
no permitimos que cruzara la frontera.

por no morir a manos de los nazis
se exterminaba él mismo
walter benjamin.

LOS SASTRES PREFERIDOS

los sastres preferidos
eran los que sabían dar la vuelta
a los abrigos viejos
o sacar de un chaleco
un par de pantalones para el niño.
balenciaga queda un poco lejos.

SOMBRA

quizá lo que buscamos en la luz es su sombra,
esa sombra rusiente
que en sus profundidades aclara cuanto toca
y llena de su ritmo el eterno vacío,
esa remota esfinge que preside el silencio
y dicta soluciones siempre provisionales,
torpes como latidos,
aquella agazapada singladura
que, costeando el tiempo, abre para nosotros
grietas que resquebrajen los muros del sentido.

quizá nos aferramos a la sombra sin luz
porque la luz sin sombra nunca fue de este mundo
y nada conocemos más allá de sus límites
fuera del débil reino de los mitos.

MANIFIESTO

en defensa del cardo y de la ortiga,
en defensa del burro y su rebuzno
y de su condición intrascendente,

a favor de los bosques y su antiguo
modo de ser, a favor de la piedra
que el misterio cubrió de oscuro musgo,

para que vivan peces en las aguas,
pájaros en el aire, rododendros
en los jardines, luces en la noche,

y los hombres se olviden de la prisa
con que van a la nada y no se enteran,
víctimas de un progreso establecido,

para que todo cobre otro sentido,
una vez asumido el sinsentido
que es todo, y concentrados en su paso

veamos sin dolor pasar el tiempo
y vivamos minutos, horas, días,
bocanadas de ser, riqueza única,

para que todo vuelva a ser sí mismo,
lo que pasó, lo que es, lo que perdura,
lo que no deja huella de su paso,

para que no dé miedo tener hijos
ni dejar de tenerlos, y el amor
vuelva a ser verdadero, a ser inmenso,

para poder tomar el sol y el aire
y sentarse en la hierba con la gente
y ponerse a charlar largo y tendido,

a favor del cansancio y del descanso,
a favor de los ciclos naturales
y de la rebeldía ante los ciclos,

por los colores y por los sonidos,
por los gustos, los tactos, los olores,
por el juego y el sueño, y los amigos,

en defensa de lo que se ha perdido,
de la paz verdadera, del sosiego,
de la palabra limpia... y del silencio.

AQUEL AMOR

lo mismo que escaleras de bodega
que los años desgastan y carcomen,
corroe la humedad, suaviza el uso
y acaban convirtiéndose en perversa
trampa para caer en la negrura;
o igual que ciertas piezas y engranajes
que soportan fricciones y avatares mecánicos
con ficticia indestructibilidad
sólo para lograr que al final la avería
que causa su ruptura sea aún más notable;
o como esos caballos que en las carreras lanzan
su energía en la recta final, y que consiguen,
ganando posiciones, adelantar al resto,
casi enfilar la meta,
pero luego, en los últimos metros, ya sin recursos,
agotado su empuje,
se ven sobrepasados y son sus contrincantes
quienes ganan el premio;
así se iba agrandando aquel amor,
duraba y avanzaba
presagiando en sus triunfos pasajeros
los futuros desastres que lo aniquilarían.

CUANDO EL VIENTO ABALANZA
SUS MASTINES

cuando el viento abalanza sus mastines
por las encrucijadas del olvido
y levanta las hojas del recuerdo
que cubrían las huellas del camino
se ve un paisaje desolado y yerto
la sombra de los días que se han ido
borrando con su paso la esperanza
de algún inencontrable paraíso
cuando el viento abalanza sus mastines
por las encrucijadas del olvido

cuando la noche trae su misterio
y se mira a los ojos al destino
cuando la soledad se precipita
por nuestra confusión y sus abismos
de no se sabe dónde la tristeza
aparece de pronto con su frío
dejando un esqueleto de verdades
olvidado a la puerta del vacío
cuando la noche trae su misterio
y se mira a los ojos al destino

cuando la nada crece en las macetas
y se esconde en el fondo del pasillo
cuando nos despertamos con su cuerpo
pegado a nuestro nombre y apellidos
olas de sal golpean las paredes
se arremolinan ante el precipicio
y nos va arrebatando su blancura
hasta el último sueño del abismo
cuando la nada crece en las macetas
y se esconde en el fondo del pasillo.

OTOÑO

es de noche y el viento
agita sombras y habla por las bocas
de la materia.
gimen las ramas al perder sus hojas
y éstas, cobardes, buscan los rincones
que sueñan protegidos.
espectrales galopes de nubes se proyectan
contra la luna llena.
todo en el aire es vida y movimiento.
un perfume tardío
de agua estancada, musgo y hojas secas
llega hasta mi ventana.
el otoño adereza el festín de la muerte.
en sus putrefacciones
se gesta ya la nueva primavera.

RITO

sobre la losa arquéase la espalda,
se alzan las corvas, la tensión del pubis
ordena un ritmo al ritmo que lo oprime,
escande los galopes de la sangre,
cuerpo con cuerpo, pieles que resbalan
y se entrechocan, músculos que se marcan
un mismo afán, caderas, pantorrillas,
pies, manos, brazos, vientres abarcándose,
oponiéndose, uniéndose, oprimiéndose,
ojos cerrados, bocas jadeantes,
ya van a alzar, ya van a alzar, resuena
en la bóveda el órgano, potente
vibra el aire a su paso por los tubos,
se extiende por las naves, desmenuza
su fuerza en capiteles, en columnas,
en aristas de piedra que repiten
trémolos y vibratos por el templo,
fugas majestuosas, silabarios
de otro lenguaje que es, no obstante, el mismo
que el de los cuerpos, que es el que el incienso
ha subrayado en acre evocación
que vuela hacia la cúpula y se tiñe
de arcoiris y joyas de vidrieras,
rayos oblicuos, foco proyectándose
sobre el altar mayor, en movimiento
que lo va a ser de tropas desfilando,
brazos en alto, himnos al sol, banderas
tremolando al pasar por la tribuna
donde un magma viscoso uniformado
saluda imperturbable y amenaza
desde su funerario hieratismo
con extender su sombra por vidrieras,

inciensos, naves, música, su sombra
sobre los cuerpos que, ya extenuados,
se duelen con el frío de la piedra
y respiran la muerte que a través de ella llega.

José María Álvarez

José María Álvarez nació en Cartagena, Murcia, en 1942. Es licenciado en Historia.

OBRAS PUBLICADAS

Poesía:

Libro de las nuevas herramientas, Barcelona, 1965.
87 poemas, Madrid, 1970.
Museo de cera, Barcelona, 1974.
Museo de cera (Manual de exploradores), 1960-1977, Madrid, 1978 [1].

Prosa:

Desolada grandeza, Madrid, 1976.

Traducciones de Kavafis, Hölderlin y Stevenson.
Ha realizado también diversos guiones cinematográficos.

Los poemas publicados aquí pertenecen todos ellos a su obra *Museo de cera* y la poética está entresacada de la antología «Nueve Novísimos».

---

[1] Ésta es la versión completa y definitiva, pues las otras versiones anteriores, desde *87 poemas*, únicamente eran los poemas que las distintas censuras le habían permitido publicar.

POÉTICA

Estimado señor:
Me pide usted una Poética.
Me acuerdo de aquella noche en que tocaba Johnny
Hodges. Y un curioso le preguntó que cómo tocaba. En-
tonces Johnny se quedó mirando, cogió el saxo, y empe-
zando JUST A MEMORY, dijo: Esto se toca así.
Mire usted. Yo escribo igual que aquella gente se iba
con Emiliano Zapata.
No sé qué decirle. Escribir, aparte de todo, me parece
una especie de juego. La Ruleta Rusa, por supuesto.
Considerando, además, que mi verdadera vocación es
jugador de billar o pianista.
Si tuviera que encerrar en una sola frase lo que pienso
de mi trabajo, le diría aquella del maestro A. Bretón:
AQUI Y EN TODAS PARTES HAY QUE ACORRALAR A
LA BESTIA LOCA DEL USO.
Suyo,

J. M. Álvarez

108

VOLVIÓ UNA NOCHE
(FALLING IN LOVE AGAIN)

Recuerda, cuerpo.

K. KAVAFIS

Si la noche trajese al mismo tiempo
Que su imagen, su cuerpo de aquel día,

Y este deseo que ahora siento
Pudiera en él rendirlo
Igual que mi memoria
Honra en versos su carne.

Porque sólo a su boca y a su lengua
Doy cuentas esta noche.

Solamente ante ti los claros ojos
Que la espada y el tiempo no humillaron,
Se rinden.

Quiera la vida que el recuerdo
De tus caricias nunca me abandone,
Que mi piel aún conserve
Ante la muerte aquel deslumbramiento,

Y que las huellas del placer
Sobre mi cuerpo,
                    venzan.

GOMA DE ALCOHOL (NICTÁLOPE)

> Necesito un trago. ¿Qué es esto? —el cónsul cogió una botella destapada de loción que estaba en el alféizar de la ventana—. A qué crees que sepa esto, ¿eh? Para el cuero cabelludo —antes que Hugh pudiera detenerlo, el cónsul dio un largo trago—. No está mal. No está nada mal —añadió triunfante y relamiéndose—. Sabe un poco a pernod. De cualquier manera, un buen hechizo contra las cucarachas galopantes.
>
> MALCOLM LOWRY

> Y mientras estaba allí sentado, meditando sobre el viejo mundo desconocido, pensé en la admiración hechizante que habría sentido Gatsby al ver por vez primera la luz verde en el extremo del muelle de Daysi.
>
> F. SCOTT FITZGERALD

Bajo los restos fríos de la fiesta
La playa se extendía como una musa blanda
Un sueño espeso recorrido por los últimos
Borrachos

    Amanecía pegajoso

Sobre vasos botellas pedazos de cangrejos
Ropas

    Resaca
De una noche que a imagen de la vida
Había quemado pronto
Sus ilusiones y toda su belleza

Sobre las dunas las primeras luces
El mar blancuzco de la amanecida

El cuerpo destemplado de una joven
Que anoche todavía despertara el deseo
Insolente   Mostrando ante nosotros
Su juventud inverosímil
Burla del tiempo

                    Helado
Reproche
A cada hora del placer desperdiciada

                              Y la memoria
De cuando fuimos insolentes como ella
Como nunca volveríamos a serlo
Como los condenados la salida
De un sol que no verán
Ponerse
          contemplábamos
Todo

      Alguien
Muy entrañable
Con el lúcido cinismo que nos caracteriza
Me susurró   La sombra
De Creusa

            Yo
Dije Eneas
Acates
        Las pinturas murales de
Cartago

        El mar era una balsa
De aceite   Una luz calcinada
Bajo la que íbamos vistiéndonos
Despidiéndonos todos hasta otra
Feliz reunión

            Hasta otra playa

Donde quemar un poco más en otra noche
Nuestra lealtad y nuestro orgullo.

RESPONSORIOS DE TINIEBLAS

Saludos de todos los que combaten en
el frente de Aragón, arma en mano, contra el fascismo.

B. DURRUTI

Cuando miro el amor, ya consumido,
Mientras pudiera todavía
En mis dedos sentir aquella tibia
Piel que la edad irá borrando,
Cuando aún en sus ojos hermosísimos
La luz celebra, y al perderse
Sombra y derrota dejan en los míos,
Cuando sé que el amor, hora cumplida
Su reino, me abandona,
Quisieran ir los ojos detrás suyo,
Y rescatar de su doliente estela
Algo de bellos días, una imagen
Que el tiempo no humillara
Y pudiera seguirnos a la muerte

THE PEARLS

Y ahora voy a entrar en esa parte de mi
historia que conduce directamente a la
catástrofe que hace tanto tiempo que es-
peráis.

HENRY FIELDING

Animal tenebroso, cuya frente
carro es brillante de nocturno día.

L. DE GÓNGORA

Pensemos solamente en la batalla.

HOMERO

Ni el arte difícilmente
Conseguido Ni
Las llanuras sin horizonte
Que alcanzaré con la siguiente
Copa   Cuando el pensamiento
Atraviese todos los espejos
Destruya en mí el espacio
Y el tiempo
                    Solamente
Deseo
Que la vida me dé el tiempo preciso
Para que el Canto llegue a su destino
Ponerme en paz con cuanto quise
Hacer   Y con mi muerte
Y contemplar sereno
Cómo los días maduran o florecen
O me abandonan
                    libres.

113

EL FESTÍN DESNUDO

> Pero ahora voy a ser inmoral.
>
> LORD BYRON

Tierra de ratas
         Os he dado
Los mejores frutos de la corrupción
Como el pianista de un prostíbulo

                      Pedíais
Dorado
      Di
Oro
   La fiesta es mía
Pocas monedas se os cayeron del bolsillo
Nos entendíamos vuestra puta y yo

GRABADO DE UN PALACIO DE VENECIA
QUE J. B. REGALÓ A A. M. S.

—¿No concurre Ud., señor Max?
—No estoy inscrito.

Max Jacob

—Sin embargo, cuento con su sentido de
la justicia, de la Humanidad.
—Débiles apoyos, Madame —dijo Wolfe—.
Pocos de nosotros tenemos la suficiente sabiduría para ser justos o el ocio suficiente
para ser humanos.

Rex Stout

Volarse la cabeza
En tus altas ventanas

Al final de una noche
Orgullosa como tus muros
Incendiado el alcohol

                        Contemplaría
Otros cuerpos rendidos
Parar de pronto todo sobre el oro
Del alba

        Y en su luz
Entregar a tu belleza un cuerpo una memoria
Que ninguna barbarie gobernó

Saber que a todo sueño
Sólo el olvido aguarda

                Como a aquel que lo tuvo.

DESPEDIDA EN CITEREA

> Ninguna juventud puede ser bella si no
> es por condescendencia.
>
> FRANCIS BACON

Aún está caliente tu silueta en la cama
No quiero ver el barco que te lleva
A dónde para siempre
Despertarme muy tarde   Y otra vez
Desayunar solo   Dejar que el tiempo
Y otras sábanas y otros
Huéspedes nos borren.

THE SHADOW LINE

> —No puedo ver las altas velas, capitán.
>
> J. CONRAD

Sobre la playa el viento de Setiembre
abre extraños caminos. Silenciosas aves
del mar escoltan unos restos
que las olas trajeron a la arena
y que las olas borrarán.
Algo que fue navío, soledad de delfín,
sueño de hombres.
Así el Arte.
Y las cenizas del amor.

ANALES

Al preguntar Nerón la causa por qué había conspirado contra él, contestóle Sulpicio Aspro: «Porque no era posible poner de otra manera remedio a tus maldades.»

TÁCITO

Si muere en el Poder, sin que lo hayamos
Juzgado, si su cuerpo
No se pudre colgando en las murallas
Como advertencia,
                    invicta
Esa espantosa Sombra habrá de perseguirnos.

Oscuras fuerzas que tras siglos
Para poder vivir el hombre sometiera,
Él liberó con su gobierno, celebrando
Corrupción y crueldad, bellaquería,
Ignorancia. Y la vileza
De su mundo, es y será la nuestra.
Pues cuanto de más noble hubo en nosotros
Secó hasta la raíz, sustituyendo
La fuerza bruta de sus partidarios,
Su abyección e incultura, a Ley y norma.

Y esos abismos
Del Mal, no mueren con su muerte.
Habrán de perseguirnos largos años
Como una dolorosa, una terrible
Expiación.

117

I CAN'T GIVE YOU ANYTHING BUT LOVE

Y véante mis ojos,
pues eres lumbre dellos,
y sólo para ti quiero tenellos.

JUAN DE LA CRUZ

Sepultará el olvido su memoria.

FRAY LUIS DE LEÓN

Pasa el Nilo como por mi copa
Y en la dorada luz de la alta noche
Cuanto nos condenaba y torna
Inútil vivir juntos imposibles
Se pierde en las riberas serenísimas
Quedando sólo tú
                         tal como fuimos
Aquellos días

                    ¿Qué buen whisky
Qué página radiante de Montaigne
Diera tanto como a lo largo de los años
Esa imagen?

                    Gloria del cuerpo
Para gozar como una buena música
O una copa perfecta
                         Mientras
Te pierdes lentamente
Y aquel amor
                    hasta sentirlo
Como una historia de otro
Verlo morir como a uno mismo
                                   solo.

118

NUBES DORADAS

La nostalgia que siento no está ni en el pasado ni en el futuro.

F. Pessoa

—En el coche queda una botella de ginebra.
—¿Por qué no lo dijo antes, en vez de hacerme perder el tiempo hablando de tonterías?

Dashiel Hammett

La resistencia se organiza en todas las frentes puras.

T. Tzara

Qué importa ya mi vida

Cada vez que levanté mi casa, la
destruía. A cualquier país que llego
no amo otro momento
que aquel de divisarlo. Nunca
pude decir dos veces bien venida
a la misma mujer.

Respetarse uno mismo

Pensar.

Veo crecer los rosales que planté.
Destapo la última botella del último
pedido.
　　　Miro
cómo mi vida salva cuanto hay de noble.
Por ti, oh Cultura, y por todos
los que vivos o muertos me hacen compañía
　　　　　　　　bebo.

Más allá del tiempo y de mi cuerpo,
bebo. Lleno
de nuevo el vaso. Dejo
que lentamente el alcohol vaya cortando
los hilos que me unen
a esta barbarie.
                    Y con la última
copa, la del desprecio,
brindo por los que aman como yo.

CRISTALERÍA DE SEDA

Mi relato será fiel a la realidad o, en
todo caso, a mi recuerdo personal de la
realidad, lo cual, es lo mismo.

J. L. BORGES

Escucho el Trío N.º 6 para piano violín
y violonchello en Si bemol mayor
de Beethoven Miro
los retratos de Borges y de Shakespeare
que me miran.
        Tengo en mis
manos una
pitillera de plata que compré
a un anticuario de Istanbul
su anagrama bellísimo
GL Quién y cuándo
con cuánto amor encargaría
esta pieza
Y aquel para quien iba destinada

                Deseo
seguir bebiendo Deseo
leer de nuevo a Conrad

            Unos metros
debajo de mis pies
hace 2600 años hombres que venían del mar le-
a otros dioses un templo   [vantaron
           Y hay serenas
madrugadas en que la noche restituye
murallas heladas
barcos de oro y puertos sumergidos
viejas canciones de Fenicia.

Ni una piedra siquiera
De tantas puertas como tomé
Cubrirá mi memoria
               En esta hora
Engaño ya no cabe
Sino firme
Gesto y sereno pensamiento
                   Mi linaje
No aplacará rigores de otro César

Sé lo que nunca
He de tener La página
Que nunca será escrita
La mujer que nunca será amada
Los afectos perdidos
                Silencioso
                  afilo
Una espada
Que también la muerte detendrá
Al tiempo que ha pasado por mi cuerpo
Madurándolo Abriéndolo
A la sabiduría amor belleza
Encomiendo esta hora

                   Acepto.

José Luis Giménez Frontín

Nacido en Barcelona en 1943.

Acabó la carrera de Derecho en 1965 y pasó a ser profesor ayudante de esta Facultad en la Universidad de Barcelona. En 1966 fue director literario de la ya desaparecida «Ediciones de Cultura Popular». En 1968 creó la colección K-069 de la Editorial Kairós, también de Barcelona. Desde entonces ha colaborado regularmente en periódicos y revistas, codirigiendo el suplemento literario del diario *Tele-Express* en la época de Manuel Ibáñez Scofet. Ha sido lector de lengua y literatura española en la Universidad de Bristol (U. K.).

OBRAS PUBLICADAS

Poesía:
  La Sagrada Familia y otros poemas, Barcelona, 1972.
  Amor Omnia, Barcelona, 1976.

Ensayo:
  Movimientos literarios de vanguardia, Barcelona, 1974.
  Seis ensayos heterodoxos, Barcelona, 1977.
  Conocer el surrealismo, Barcelona, 1978.

Prosa:
  Un día de campo, Barcelona, 1976.
  Guía secreta de la Costa Brava, Madrid, 1976.
  Historia de un pequeño chamán, Barcelona, 1979.

Drama:

Spanish show, representada en el Old Granary de Brístol por los alumnos del Departamento de Drama y de Español en marzo del 74.

El Santa Santorum, Guión para TVE, dirigido por Sergi Schaaf en grabación del 20 de marzo del 78.

Prólogos a El niño y la vida, de M. Rosa Colaço, Barcelona.

Crónica d'Isambard, de Tony Turull, Barcelona.

Ha traducido, entre otros autores, a Maurice Nadeau, Jean Jaurés, Edmonde Charles-Roux, Lewis Carroll, etc.

Los poemas «Les pertenezco». «La sagrada Familia», «Como en el juego de los mil espejos», «Los amantes de Wendy», «Un objeto barroco» y «A Pepperland», pertenecen al libro La Sagrada Familia y otros poemas. El resto de los aquí reproducidos, a Amor omnia.

La poética está reproducida de «Nueve poetas del Resurgimiento».

EN TORNO A UNA POÉTICA

Víctor Pozanco me pide una «poética», y el aprieto es de los mayores. Porque, para mi desgracia (literaria) mi poesía dista mucho de estar fabricada a la medida de unas dimensiones, las mías, que ignoro, que quiero ignorar y que no puedo sino ignorar. Pero quizá sea buena cosa empezar por el principio a ver si, burla burlando, yo también remato ese empeño barroco y casi tan imposible como un buen soneto: una «poética», la «mía».

He sido un poeta tardío, relativamente tardío, a quien la vida fascinó en mayor medida que sus espejos. Empecé a escribir o reventaba. Mal principio, dicen. Yo creo que de los mejores, que siempre hay tiempo luego de escribir una literatura que vaya meditándose hasta el infinito. La necesidad, en cambio, es otra cosa: ya sea sensación, ya pensamiento, se desliza, como esa «emoción hablada» de Céline, por los nervios-raíles del autor, por los nervios-raíles del lector, y los transmuta a ambos en virtud de un pellizco o luz o soplo que es arte, pero que al mismo tiempo es vida. Borges lo ha dicho con toda claridad: «Si la literatura no fuera más que un álgebra verbal, cualquiera podría producir cualquier libro, a fuerza de ensayar variaciones». La perfección en la combinación de estas variaciones verbales debe darse, pues, como por añadidura... La poesía, en cambio, puede no ser perfecta y ser grande, ser necesaria en suma. Por ello, quizá, sólo he escrito a lo largo de diez años dos breves libros de poemas y, de entre ellos, sólo reconozco como necesarios, a muy contados poemas: no creo pasen de la decena.

En 1972 esbocé una poética en «La Sagrada Famiʼia»:

> Obrar un milagro y encontrar el rumbo
> conjurando las cosas con la palabra justa.
> Porque su canto, Itaca y el mundo imaginado
> se aman en secreto y sabrán esperarle.

El canto es, pues, la clave instrumental, el compás que hará posible no perder el rumbo por una geografía azarosa que nos desborda y que es irreductible: la pobreza y la riqueza de Itaca, el sueño de ser felices y valientes, la extrañeza de amar, la de no amar, el aprendizaje de la desnudez... (y de la muerte). Nada nuevo, en suma. El poema, como en los cantos populares, será meditación o no será. Y además, conjuro. Empeño vano, pero quizá

125

único posible y digno de ser vivido a través de la escritura.

Sigo firmando esta poética. aunque hoy sé, además, que tan irreductibles como las dimensiones del camino son las del viajero, que todos los poemas son posibles en el tiempo y que, sin embargo, deben ser limitados por una previa elección. La obra acaba entonces por encontrar su propio tono y por circunscribirse a sí misma, exactamente como una mujer que nos hace sentir la inexistencia de otras muchas mujeres; verdad del corazón que la razón no comprende. Pero, precisamente porque yo y todos, en todo momento, podríamos amar todos los lenguajes, me resulta imposible redactar una poética al uso, y muchísimo menos con pretensiones de definitiva. Mi «poética» debiera ser versátil (y generosa) como ese mismo amor.

LES PERTENEZCO

Sentimientos que fueron,
vestuario de invierno empaquetado para un lar-
Dulces recuerdos   [go viaje.
como el paso lejano de crines andaluzas.
Recuerdos obstinados
como el galope seco de un caballo pampero.
Recuerdos tortuosos como agua de canales,
laberintos marinos sin punto de llegada
de húmeda marea que se aferra a nuestras horas
                                          [bajas,
allí donde el cansancio ya no curva la mano para
                                          [la caricia
y el espejo devuelve una imagen extraña limitada
                                          [a los ojos.

Es posible olvidarlos toda la travesía
porque la luz del mar y de las islas,
la historia de las piedras y de las miradas,
me hacen sentir como un hombre nacido
casualmente en mi gris, mi querida, mi maldita
                                          [ciudad.
Pero luego me asaltan, casi intactas, las viejas
                                          [inquietudes,
los recuerdos ingratos y los dulces.
Y comprendo que Itaca, sin ellos,
no sería más que un lecho de hotel para una sola
                                          [noche.
Con ellos marcharé, a veces yo delante
y ellos distantes, pero siguiendo el rastro,
a veces persiguiéndolos.
Con ellos moriré, porque les pertenezco.
Y morirán conmigo, porque yo soy ellos.

LA SAGRADA FAMILIA

I

Primero le mostraron la cama del abuelo
con sus tres colchones que amortiguan la historia
y levantan un trono sobre los aparceros:
«La Tierra, desde siempre, tuya es.
Tuyos los muslos más largos de la costa,
la casa modernista y el amor más profundo.
A tu paso, brillante la mirada,
con oro, plata y rosas en las manos,
el mundo, agradecido,
se rasgará como una mandarina.»

Y en invierno, desde el primer invierno,
el más joven se inicia junto a la chimenea:
«Ésta es la tía Eulalia en el Cuerpo de Oro
En viaje de novios a bordo del Kenitra,
y este alférez que ríe es tu padre en el frente.»
Es su padre en el frente.

II

Y porque él es el centro en esta geometría,
la clave de una bóveda que recoge los ecos
y los suspende como presencia única:
«Nos nos falles, muchacho, cariátide de carne.
Tu deserción no es sólo tu ruina,
sino el derrumbamiento de las cuatro torres
del templo de la villa.»

128

III

Nos perteneces —dicen— vuelo inútil sin alas..

Nos necesitas —dicen— el lecho, su ternura.

Nos asesinas —dicen— es por ti el aleteo
cada vez más despacio y a mayor altura
de nuestro pulso. Este miedo. Este llanto.

Luego el reproche es mudo.

IV

Que sean dulces las últimas caricias
de tu mano sobre sus pieles húmedas
como aquellas primeras en tu piel de sus manos,
dolido el beso por tanta y tanta ausencia,
llanto tuyo animal en esta hora.

Mas tú no eres respuesta a todas sus preguntas.
No digan fue por ti los sudores, el odio.
Por ti no desgarraron la blancura incierta
de aquellas madrugadas con el fuego y el barro
ni en la noche escucharon —quizá no ha sido
gemir las calles al paso de la muerte.   [nada—

No fue por ti. Son como son las cosas:
los planes has variado y eso es todo.

COMO EN EL ESPEJO DE LOS MIL JUEGOS

Hacia un lejano atardecer sin sombras,
el ángulo imprevisto de tu frente.
El corazón a un lado,
                              ¿es tuyo?
(Solitaria ternura)
¿Dónde acudir si ni siquiera miras
más allá de todos los cristales?
¿Dónde depositar el fardo de palabras?
No morirás de asfixia,
ni mayor que una celda de castigo
tu abismo iluminado.
Hoy como ayer, mañana como siempre,
sabes del juego y del croupier sangriento.
(Eres el perdedor.)

LOS AMANTES DE WENDY

La señora Gentil está ya muerta y olvidada.
La niña Wendy desarrolló sus senos,
ensanchó sus caderas, conocidas caderas
por jóvenes banqueros, licenciados, expertos
en tablas input-autput, los que antaño volaron
a su lado y que ahora,
al penetrar su sexo,
siguen llamándola, desde su sexo,
                                    Madre.
¡Ah Simplón! ¡ah Gemelos! ¡ah los niños restan-
Pulcras sonrisas algunas madrugadas   [tes!
heladas ante un sueño vagamente insistente:
un puñal desgarrando las carnes del amigo
—entre la cuarta y la quinta costilla del amigo—,
un pirata sangrando, su agonía,
y el monstruo de las aguas, implacable,
con uñas de los dedos del primer comandante
quizá entre los dientes.
¡Qué feroces los lobos de la isla
—vuestra isla y sus mares
donde estábais dispuesto a luchar frente a Garfio!
Mas fuisteis rescatados.
                          Y al retirar los labios
de los labios, jadeantes, de Wendy,
¿invocáis un fantasma? ¿rechazáis un fantasma?
¿odiáis las dependencias, tan tibias, de este lecho?
a pobres camaradas ahora londinenses,
nunca —jamás recobraréis el nombre
que pudo ser el vuestro en otra historia
en donde Pan creciera
                          y vosotros amarais.

UN OBJETO BARROCO

Mi piso es muy pequeño y sólo tengo dos,
y de los dos, el peor sin duda el de mi dormitorio.
Iris gris azulado de mirada de ciego,
así es su marco oval.
                              (No consigo creer
que su actual color sea el primero, empalidecido
por más de treinta años implacables
en un desván que exploré —tantas veces— de niño.
Mas eso debe de ser.)

                              La superficie
en la parte inferior tiene bastantes sombras.
Si las miro de cerca son como de ceniza
con un aura de brasa más dorada que roja.
Aún más cerca, son puntitos que crecen
en desorden.   Si me alejo no es sombra,
sino la plata que se descompone
y quiere dejar ver lo que tiene detrás,
o es lo que hay detrás lo que la descompone
porque quiere mirar lo que tiene delante.
Luego está el vidrio que duplica los puntos,
multiplica las sombras y aúlla suavemente
si lo acaricio con los dedos mojados de saliva.
(Aunque intuyo que el vidrio poco tiene que ver
                              [con esta historia.)
Si me sigo alejando —no mucho, el cuarto es di-
y me coloco justo enfrente suyo,   [minuto—
hay un extraño que contempla, absorto,
la superficie con algunas sombras
que son puntitos que se reproducen
bajo el vidrio que aúlla en el dormitorio,
pues el piso es pequeño y sólo tengo dos.

A PEPPERLAND

Gemían y gemían las lobas de las noche,
pero yo, oh Sargento,
había decidido emprender el viaje.
Abrí mi puerta y un poderoso tigre
se me insinuaba vanidosamente,
mas yo ya conocía su siniestro juego:
en la trompa de eustaquio te vierte leche y miel,
te corta las tetillas con las uñas
y puede abrirte un ojo con una llave inglesa.
«Aparta», dije al muñeco de trapo
y las lobas rogaron: «No lo maltrates, somos
la humanidad doliente.»
Pero yo, oh Sargento,
había decidido emprender el viaje.

Éramos veintisiete vadeando cloacas,
amores como códigos,
cuerpos reconocidos,
éramos veintisiete y la certeza
de tu paz en nosotros.

Amanecía y tú nos recordaste:
«Anida un hombre verde
en la manzana de tu corazón.»
Y también tu palabra cuando un reflejo falso:
«Recita ante el espejo: *átale demoníaco
caín o me delata.*»

De pronto, sí, de pronto
se iluminó un templete,
la tierra eran mis pasos,
melodías mis pasos, y en el parque,
invasión de centauros,

133

los niños se desnudan fácilmente,
muchachos y muchachas ya no piensan
lo que serán el día de mañana,
cantan las manos, los abrazos, las lluvias,
y si algo muere *¡que esté bien cocinado!*

ESA MANSA LOCURA

Todo está en calma ahora, y sigilosamente
arden los aires su derroche de púrpura,
se incendian las vidrieras del oriente
y el faro pestañea cada vez más osado.

Bajo una malla de quebrados vuelos
el tiempo se detiene y acaricia
el patio y sus secretos en silencio:
los desconchados muros, las pizarras,
entrañas de la tierra entre mis dedos,
un almendro cansado y el agua que se aferra
al geranio, sus yemas y colores,
calor de pan en los bancales negros,
y en los gatos ariscos mansedumbre.

Esa mansa locura que todo lo penetra
y extravía miradas y solidarias risas.
Porque yo soy ya otro. Como el mar es extraño
sobre la misma costa, contra el pueblo diverso
e inmóvil en la roca. Como la luz es otra
poco a poco, y la misma. Y es el día. Y la noche.

NOCHE DE TRAMONTANA

Brilla una luna ahora pulida por el viento
y estrellas se derraman sobre su alud que aúlla,
las ventanas palpitan taquicardias sin ritmo,
se abren las puertas solas y pasa un soberano.

Intercambian miradas los siameses mudos
y su lana se esponja sobre los arcos tensos
dispuestos a la huida. Clamores nos rodean,
si guardamos silencio nos llevarán consigo.

O rondarán pasillos, rodearán las camas
de los niños que duermen sumisos a las voces
que a cada uno llaman por su nombre en el sueño,
que hablan su misma lengua, que por sus ojos
                                              [miran.

y ya nunca sabremos quién triunfó a la mañana,
si nuestra humana vela o ese pacto secreto
que los exalta y turba —la memoria perdida
del encuentro con los piadosos y terribles dioses.

REICH CONTEMPLA LA ORGONA

Vi las rasantes ráfagas en su deslizamiento
como las blancas yeguas de un carrusel celeste,
su entramado de fibras purísimas danzando
sobre sí mismas ágiles, incitantes y leves.
Incitantes y leves las purísimas fibras
entrechocaban suaves sus notas melodiosas.
Y el canto era armonía, placer el movimiento,
¡alegría la danza de la visión gloriosa!

Y luego vi la luz, toda la luz del cielo,
rasgar en dos su velo e irradiar su energía
suspendida en un carro de rayos deslumbrantes.
Y sumé mis gemidos a aquella sinfonía.
Por fin cerré los ojos. Temía quedar ciego.

HABLA EPICURO

Una mañana, uno se sorprende
con la vida madura entre las manos.
Ha enterrado su infancia en ese día.
La adolescencia sigue, y se resiste,
y cree no morir y va muriendo
hasta la noche en que uno se desvela,
agobiado su lecho de recuerdos.
Pierde la juventud en este encuentro.
Pero la madurez —oh donación tardía—
ya no nos abandona, aunque queramos
a la vejez abrirle nuestras puertas.
Que es más veloz la muerte que la vida,
dice Epicuro, anciano, a sus discípulos.

LOS PERROS DE LAUTREAMONT

Qué locura de perros bondadosos
bajo luna en el monte y cielos pastelina.
Sombras danzan, poderes enloquecen,
y el hombre, cruel desde la cuna
—desde cuna acunado golpe a golpe—
fabula carantoñas de fullero
beato beatón y en bondad cree.

Cree el imbécil y con bastón golpea
al lujurioso perro que le niega
porque sabe el engaño, tiene dientes
quizá ensangrentados, deseo y más deseo.
Se entrega el perro a su cruel embate,
por eso ladra la bondad no existe
y, fatalmente, ama en su nocturno.

Traducción del ladrido y flujo renovado
con mano zurda el amoroso escribe.
No hay engaño por fin. Si con amor, creedle,
y si no con amor, creedle por desnudo:
«Tanta bondad apenas es humana.
Tanta bondad con crueldad observa.
Tanta bondad no ama. Petrifica.»

AUTORRETRATOS

Me coloco enfrente del espejo y en seguida
me crece mucho pelo. ¡Bienvenido
hombrelobo! Desaparece el marco del espejo
y veo un tótem señor de las tinieblas
con tres cabezas negras fundidas por la nuca.
Se mueve el tótem, elástico se acerca.
Pantera negra es y me miro con odio.
Sólo los ojos amarillos brillan
y escapan vahos y rugidos sordos
de mi boca maligna y peligrosa.
¡Me tengo miedo, dios, aparta el cáliz
que el veneno rezuma y no es un juego!
Mas ahora soy un viejo que me mira
tan entrañablemente que adivino
intenta darme ánimos desde una geografía
que un día alcanzaré si aún estoy vivo.
El viejo es una vieja. La vieja es un risueño
muchacho que ahora empieza
a reír sin motivo de sí mismo.
Muchacha que sonríe sin motivo
o que encierra un secreto hermafrodita.
No es muchacha, que es príncipe valiente
cubierto con las pieles de su caza.
Cubierto con su manta de colores
se convierte en un indio de mirada
sosegada y serena, frente altiva
en cuyas sienes palpita el universo.
Pero no, sus plumas se retuercen
en renegridas greñas que resaltan
la frente roma y la bestial quijada
de un origen lacustre y cavernario.
Mas todo era una broma, una careta
infantil de cartón para unos juegos

peligrosos al alma timorata.
¿No más que una careta? Pero ahora
quizá va a deslevarse una respuesta:
es el desierto en esa hora incierta
en que las sombras reviven a La Esfinge.
La Esfinge que sonríe levemente
ironías de piedra frente al tiempo.
La Esfinge que insinúa: «Lo que has visto
y muchísimo más, ésa soy yo,
somos tú y yo, tú si lo prefieres,
preguntó José Luis ante el espejo.»

Félix de Azúa

Nació en Barcelona en 1944. Es licenciado en Periodismo y Filosofía y Letras.

OBRAS PUBLICADAS

Poesía:

> *Cepo para nutria,* Madrid, 1968.
> *El velo en el rostro de Agamenón,* Barcelona, 1970.
> *Edgar en Stephane,* Barcelona, 1971.
> *Lengua de cal,* Madrid, 1972.
> *Pasar y siete canciones,* Barcelona, 1978.
> *Poesía 1968-1978,* Madrid, Hiperión, 1979.

Novela:

> *Las lecciones de Jena,* Barcelona, 1972.
> *Las lecciones suspendidas,* Madrid, 1978.

El poema «Débil cortina» es de *Cepo para Nutria,* «Villancico introductorio», «En esta primera parte...», «Ella cantaba estrenos», «Soldadesca», de *El velo en el rostro de Agamenón.* «El río azul abre...», «Antikeemenos» y «Buenos días silencio», de *Edgar en Stephane.* «Mísera invitación» y «Tus niños con las glándulas», de *Lengua de cal.* Los dos últimos poemas aquí recogidos pertenecen al libro *Pasar y siete canciones.*

POÉTICA

No creo que sea del todo necesario inventar una definición de la poesía cada vez que se presenta la ocasión propicia. En cambio, siempre es instructivo recordar definiciones olvidadas.

Una de ellas, quizá de las más lúcidas (y desde luego la que comparto con menos vacilaciones), es la que da Novalis en un fragmento del 18 de abril de 1800:

«El don del discernimiento, el juicio puro, cortante, sólo con suma prudencia puede aplicarse a los hombres, si no quiere herir de muerte y suscitar un odio general.

El entendimiento es odioso, en parte por la tristeza que produce al arrebatarnos un error que nos consolaba, pero también porque nos provoca el sentimiento de estar siendo víctimas de una injusticia. Y esto es así porque el juicio más exacto, al separar lo indivisible, al hacer abstracción de todo cuanto arropa un hecho, las circunstancias, el territorio, la historia, etc., se acerca en exceso a la naturaleza misma de la cosa, la estudia como fenómeno aislado y olvida que se trata de un miembro perteneciente a un conjunto en cuyo interior adquiere su auténtico valor.

Es esta mezcla de verdad agresiva y error insultante lo que hace que el entendimiento sea tan hiriente.

La poesía cura las heridas producidas por la razón. Ya que en ella se componen dos elementos contradictorios: la verdad que supera y la ilusión que encanta.»

En esta definición (en realidad, la definición desnuda sería algo así como: «la poesía es la droga que sana las heridas producidas por la razón», o todavía más brutalmente: «la poesía es el opio del saber absoluto»), Novalis, como último enciclopedista, como alguien dedicado a la clasificación, todavía puede permitirse definir desde dentro de lo definido. Su definición de la poesía es perfectamente poética. Dudo mucho que después de Novalis pueda definirse la poesía sin cometer el error insultante que él mismo se encarga de denunciar.

Es, por otra parte, el último momento en que con toda honestidad puede afirmarse que la poesía tiene un rango de verdad superior a la verdad de la razón (verdad superadora, frente a verdad agresiva). Después de Nietzsche, tal afirmación pecaría de nostálgica, y siempre habría un psicoanalista a mano para señalarnos el diván con gesto imperativo.

Que en la actualidad no pueda afirmarse lo mismo, que no sea legal afirmarlo, no quiere decir que la definición de Novalis carezca de fundamento. Todo lo contrario. Sin embargo, aquellos que toman poesía como quien toma opio, alcohol, alucinógenos, o simplemente mitos, corren el riesgo de verse aislados (es decir, definidos) por la verdad agresiva y el error insultante. Quede, pues, reservada esta droga para quienes tengan heridas mortales y les importe poco todo lo que no sea salvar la vida.

DÉBIL CORTINA

Donde de debajo quizá
tu amor enmascarado ha surgido
un precioso encapuchado
es el amor que late lejos siempre lejos
una cantarinella
fontana nuova único tournez vous en rond
vuelta a la derecha mesdames et messieurs.

Segundo compás
la boda se interrumpe no más arroz
guardad el velo la novia se desmaya
corren aquí y allá los mensajeros
abajo borlas blancas
encended los cirios. Ceremonia.

Ya no hay entierro no más canciones
el viento espera inquieto, va quizá a granizar
remojemos los ramos no mueran las magnolias
vivid creced reproducíos y morid. Sí
pero vengan tus besos
venga tu piel contra mi piel
soplad sobre los candelabros
vuelvan a bailar los camareros
el arroz se ha pisado
están abriéndose las flores.

VILLANCICO INTRODUCTORIO

Seguid castorcillos el camino de casa
el rabo plano la nariz en alto
ramas y gusanos con fango el palacio
la nariz bien alta las uñas los dientes
y los agujeros en el río helado
nidos de castores la nariz en alto
las piedras el fango para este palacio
la casa muy alta con muchos castores
las uñas los dientes la nariz helada
llenos de gusanos venid a la casa
acojamos uñas la nariz el rabo lleno de castores
la nariz en plano el palacio en alto con uñas
con dientes llenos de castores venid al palacio
las uñas en alto los dientes el fango
para hacer castores nuevamente en alto
con uñas con dientes con fango con río
lleno de castores venid con los dientes
con el rabo plano venid castorcillos.

EN ESTA PRIMERA PARTE, EL INOCENTE SUFRE CASTIGO EN LAS CERCANÍAS DE LA SIMA DE KERMADEC

Mucho duraste al mar, él te eternice.

GABRIEL BOCÁNGEL

El bañista dejó encendida la radio y, con gran in-
[diferencia hacia
las variaciones Goldberg, se sumergió en el agua.

Por un tubo de plástico pulverizaba las expira-
como un cetáceo microtitanesco   [ciones
en el fondo algodonoso y musical materno
a la pesca del molusco egoísta del crustáceo se-
[creto
reflejándose en cada pura perla siendo todos
my picture drown'd in a transparent tear
deslizándose en befa de besugos
y antidiluvianísimas lampreas, codornices de mar,
simultáneos esqueletos de nuestro antepasado
común, el trilobites y... en fin, el pejesapo.
Como una floración lamida por el coral de nieve
o por duro coral que celebrado el corte
de la purpúrea luz tiñe el océano;
bajo la contradanza de las burbujas planas
con los rayos de sol deshaciendo medusas
y ecos que cada vez más próximos
pinchan el corazón y hacen brotar el grito:
«por Dios, ya están aquí, ya llegan los delfines»;
vienen acompañados de un cuarteto de viento
en espirales salomónicas y hechizadores ojos
cuerpos sensuales de suavísimo brillo
excitantes por ser humanoides del agua

hermanos sumergidos por distracción arcaica
y es por eso la conocida frase del áncora y delfín:
[*festina lente.*

A lomos del más bello ¿es ella una visión?, con
[sus piernas de vidrio
aprieta y espolea en sensitivos flancos
volando como un alga es una ictinia más
un esbelto compuesto de gelatina y branquias.
«¿Eres una visión?», pregunta el nadador mien-
[tras desdeña
definitivamente el tubo de la boca y muriendo
[por ello,
pero la transparente princesa de las aguas, silen-
[ciosa
se limita a flotar como una proyección prerrafae-
sus ojos brillan hinchados por el agua   [lista:
el pelo, por la separación de los cabellos,
es un enjambre y un velo plateado
su cuerpo sigue intacto luciente y pleno y blando
el agua lo ha llenado, es como una burbuja;
en sus pechos anidan lisas lapas y rojos ermitaños
el musgo del estómago es de esmeralda y fuego
las manos largos hilos transparentes
«murió en aquel tan famoso naufragio
del blanco transatlántico Andrea Doria,
flor de la petulancia» recita el coro de los delfines
[áticos.
La incertidumbre abate los ojos del bañista
«¿por qué yo?», se pregunta;
«es Berenice», contestan
y una lengua caliente raja y huye:
el ingrato recuerdo de los bailes modernos
el verano de empresa familiar lujuriosísimo
egoísmo saliva y citas literarias de escépticos in-
[gleses,
luego un largo abandono apagado el amor:

147

Berenice embarcó tras una carta
perfumada de llanto y contricción.

El cuerpo se ilumina los brazos se levantan
como impelidos por enigma lunar
las axilas repletas de caracoles y algas
y las manos de nácar ordenan seguimiento
«déjalo todo y de su mano busca tu castigo».
Del bañista desnudo unos peces mordaces
prueban la carne anidan en el vello;
sigue a la náufraga tras las siniestras simas
las luces y las heterogéneas colonias sumergidas
«¿dónde me llevas? Tengo que volver,
mi radio está encendida y se acaban las pilas
esta noche quizá Begleitmusik, quien sabe...»
«no; vas al ara de la Hidra y Neptuno
donde serás sacrificado, la música no importa,
tu reloj va marcando las horas hacia atrás
nada detiene ya tu rueda y laberinto
¿qué importa al lado de eso el dodecafonismo?,
sois dos viejos amantes en el fondo del mar».

II

El cuerpo es blanco y verde con los finos cabellos
poblados de lunares plateados
(peces en infinito número y mínimo tamaño)
a su paso circulan remolinos de espejos
guías para el atleta caminos de la espuma;
y va mostrando: allí las flores de la esponja
cuyo color azul acetileno acabó con los indígenas
[de Java
cuando husmeaban voraces la madrépora,
allí un huevo podrido de langosta africana
devorado y corrupto por la pulga de mar.

«observa, observa, ésta es la vida sumergida»;
«ésta es mi vida, contesta el elegido,
la reconozco en cada protozoo
y en las extremidades de la estrella escarlata
en la raya atigrada y en las abyectas zonas
de donde huyó la célula y el pez dentado a tierra
l'argile rouge a bu la blanche espéce, como quien
[dice».

Berenice se mece sobre una forma oblonga
monstruo cubierto de vida sin riqueza
cuyo costado ostenta la svástica azulada
«mucho se aproximaron al lado de los fondos,
una grieta en la popa compuso, wagneriana, la
[agonía
de los arios salvajes encerrados a proa;
por la escotilla asoma un esqueleto verde
con los harapos del orgulloso ejército,
sus huesos son cartílago podrido
y el choque con un pulpo puede pulverizarlo,
Alemania no existe para el agua»;
«entiendo entiendo, de pequeño leí entusiasmado
meine Haut est zu rein für deine Hände
y también quise ser profesional político».
Berenice se lanza sobre un monte de pólipos
y desciende a la tripa de lo oscuro y lo frío
el hombre va tomando un tono amoratado—
formaciones gigantes de helechos y cohombros
entre cuya maleza hay peces aplastados
selva donde la oscuridad es trampa y tumba—,
choca a veces con ramas
que se deshacen lentas entre nubes de polvo.
El suelo está empedrado con fósiles y conchas
entre los que los monstruos silentes se deslizan
con las fauces abiertas a todo lo pequeño;
luces fantasmagóricas se cruzan y entredanzan
señalan el lugar donde la vida
necesita guiarse entre animales ciegos:
es el tiempo en el cero y el espacio interior

la mística de los poiquilotermos.
Hay un punto brillante
un costillar redondo de grandes dimensiones
convertido en metrópoli del fuego,
luces que se reflejan en redondos doblones
oro amarillo y limpio, monopolio cadáver
de un mundo empobrecido y metafísico;
«es el galeón de Drake, sólo reconocible
por ese mascarón en forma de narval;
de los dos palos semicorrompidos
cuelga un girón de bandera imperial:
trajo a los fondos la ambición y
fíjate que también estos peces lisiados
buscan en su ceguera el reflejo del oro».

Berenice sacudida por una fuerza nueva
vuélvese hacia un abismo lejano y luminoso
salida de la cueva, un brillo diluido. La luz viene;
nuevos seres con signos y colores, piedras blancas
columnas, capiteles de mármol y opalinas basíli-
avenidas inmensas apenas recubiertas   [cas;
por una ligerísima película azulada
y estatuas e inscripciones: la ciudad sumergida.
Música sospechosa sale de cada casa
el agua atormentada por los pétreos pasillos
entra por las ventanas sale por chimeneas
y portones, cruza los arcos triunfales
escapa a través de los puentes
un órgano de piedra.
Encallada sobre una blanca duna
la diminuta nave de los lacedemonios
contiene intactos canónicos y puros
los cuatro cuerpos de la oficialidad
fieramente vestida con cascos y corazas;
«la expedición estaba hinchada de lascivia,
no era negocio sino crapúlica venganza,
la ironía y los raptos acabaron con ellos;
parecen figurillas de un friso erótico y macabro

es conveniente ¿ves? que nunca tengan sangre ni
[cerebro:
la paz y la belleza son sólo patrimonio de la
[muerte».

Cada vez más brillante
la superficie blanca los largos animales
azuladas serpientes lóbregos calamares
formaciones geométricas rodean el final:
se van aproximando al altar de Neptuno,
compacta piedra de jaspeadas ostras;
«es el final, lo sé. Veo en la lejanía
el elegante y blanco Andrea Doria
parece un estudiante u oficial de fragata,
allí la bella tuvo su camarote
ataúd laminado del amor;
veo también que Berenice monta un pez espada
y espera a que yo mismo
me coloque de pie en el ara cruel.
Seré sacrificado por haber sido causa,
ella es la sacrificadora y el efecto.»
En pie sobre la piedra la víctima inocente
contempla con firmeza la azul celeridad
del sagriento verdugo submarino; añade todavía:
«... la cual es redes, y lazos su corazón».
Luego, al morir:
«justo castigo al cabo
por mi falta de tacto».

EPÍLOGO

Como delfines los recuerdos surgen
plateados relumbran un momento,
faro instantáneo, luego se sumergen
y nadan deslizándose entre plancton;

muertos los ojos, torpes las caricias
¿soy perfiles disueltos, formas idas?

Parques, parques, necrópolis errantes,
agrupación zoológica caduca
para una biología trascendente;
reuniones silenciosas, choques fríos
donde a veces un brillo y un quejido
son el único oriente de la muerte.

ELLA CANTABA ESTRENOS

Querida señorita
que aquella tarde del pecado mortal
lóbregamente abrístete al temor y temblor
los dedos cuya uña vibrar
quebrar iban luego a rasgarte
descubriste el hombro rosa la pared
luminosa de la espalda las caderas
redonda miel
que aleteabas huías fenecías
de amor líquido olores y amoníaco
arcos violentos te llenabas
de sustancias espesas fortalecías
y los músculos de asombro dibujaban
sombras y grutas nuevas
¿por qué ahora te disfrazas
pintas las grietas cubres las amadas?
¿por qué ahora miras el reloj
buscas una calle?

SOLDADESCA

Lenin piensa en Finlandia.

Las fauces del tigre están llenas de sangre
el hombre libre merca sus lágrimas de plata sus
[gestos
suena un pistoletazo en el barrio judío
una conciencia más que explota dice el Führer.

No tengo carros ni munición ¡aguantad como po-
[dáis!
el coronel telegrafista mueve la manivela
pensando en su mujer (una georgiana sentimental)
y el carrusel aquel de Beograd ambos sin pasa-
[porte.

Como si hubieran sido higos podridos
la lengua de la hiena está irritada
¿cómo dices que llaman en tu tierra a las muje-
[res de la vida?
¿y a las que nunca te dejan hacer nada?
ojos de corcho manos cargadas de gravedad.

Duerme la tarde y oscurece las suaves torres
ciruelas malvas como atacadas por un hielo sal-
[vaje
la brigada hace guardia en San Juan de Acre son
como avispas doradas a la luz de un quinqué.

Todo esto sucede en Moscú en enero de 1919
cuando por el más largo corredor del Palacio de
[Invierno
el caballo de Kornilov galopa enfurecido.

EL RÍO AZUL ABRE LOS LABIOS DEL VALLE

El río azul abre los labios del valle
el arado y los bueyes (al fondo resplandecen
los lienzos blancos de una colegiata)
vuela, vuela en la oración crepuscular.

(Y sin embargo el eco de las campanadas
llega hasta ese caballo que un relámpago arquea
en el furor desatado de la Selva Negra)

Sabio gobierno sobre cerros y valles
y sobre las escalas y los ornamentos,
imágenes y luces y sonidos,
el hablar reposado de la filosofía.

(El postillón acucia con su látigo:
en aquel tilo hay unas iniciales
F. S.
una figura trágica, un ahorcado

la puerta del infierno —«También tú debes grabar
aquí las iniciales, junto a Werther»— las flores
a mis pies entre losas quebradas.

¡Mi Dios qué dulce es esto! Viejos camaradas
Samuel Taylor, Orfeo
en esta esquina, por aquí pasaron)

Sobre los ángeles y las tempestades
incluso sobre la fatigosa terquedad del mar
esta mano invisible va ordenando y hablando
aquí el color, un nombre y una piedra
el canto, hundido entre los matorrales, de un pin-
[zón.

ANTIKEIMENOS

Aquí
el arrogante el múltiple
alado príncipe de la tiniebla

harto de la profunda ceguera

cómo gimen sus poderosos miembros
cigarras las nerviosas plumas
del arcángel el más alto de las dinastías.

Allí
las aves necias
los cancerberos de mirada enfermiza
protegiendo la quietud inmóvil

cuánta envidia de tu rapidez y doble y triple
múltiples dedos
y las diez veces sonrisa.

(El instante anterior
a que este príncipe se conciba a sí mismo
un chispazo ha quebrado sus alas.)

¡Ah tú el más impaciente
superior a los tres!

¿ha sido aquella muda esfera?

¿es en ese pacífico vacío donde la voz condena:
te has hecho perdición?
¡Ya caes Prometeo aquilino

ya caes

primer hombre de fuego!

BUENOS DÍAS SILENCIO BUENOS DÍAS
YO MISMO

El Sultán de Misore partió una mandarina en tro-
[zos desiguales.
Al instante, una luz cegadora iluminó Misore, ilu-
[minó el Palacio e iluminó al Sultán.
Entonces la sombra del Sultán se desprendió y
[comenzó a caminar hacia la puerta.

Lo que dice la sombra:

¡Adiós mi dueño
adiós, adiós Misore!

Un error me pone en movimiento
un error, un poco de silencio,
ha deshecho la unión
y la vieja amistad.

Lo que dice el Sultán:

¡Adiós mi sombra
adiós mi compañera!
Pero es mejor así: bienvenido el silencio,
ya no soy víctima del habla;
por fin yo soy yo mismo y la luz me atraviesa.

Lo que dice la Muerte:

¡Buenos días Sultán
bienvenido a esta casa!

MÍSERA INVITACIÓN

Mísera invitación
a compartir el reposo de Virgilio y Orfeo:

nadie ocupa el lugar sino penumbras,
retaguardia de un sol que pugna por pasar entre
[las secas ramas:

tumba lamida por la lluvia pugnaz
que derribó paredes e igualó los labios
de esta boca hacia el fúnebre reino de la aniqui-
[lación

Lecho infecundo y solitario
cubierto del harapo
que unos líquenes blancos trenzaron por piedad,

y de su vientre abierto surge la voz
cuando un ave perdida huye de nuevo
hacia una nueva perdición;

voz que invita a cualquiera a yacer en sus brazos
y sólo es contestada por un eco implacable:

«Recuerda que tampoco
puedes ser tumba de ti misma.»

Novia que abandonaron
y ni siquiera el abandono la acompaña.

TUS NIÑOS CON LAS GLÁNDULAS ABIERTAS Y CALIENTES

Tus niños con las glándulas abiertas y calientes
por el cuchillo de sus madres y fue crucificado
[muerto
y sepultado ardiendo por los ojos sólo donde al
ocaso ahogan

gansos asados y anegados en vino y sepultado
que abrumaron de maíz en gallineros perfumados
el delantal repleto de persil bolsillos grasos
de raíces que lamen las glándulas cada vez más
[abiertas.

Y fue crucificado muerto en el aspa
de las piernas abiertas puerta del líquido y la luz
para que naveguemos en cuchillos ésa es la ca-
[ridad
de tus niños ahogados entre mojadas raíces aho-
[ra sí
hasta el fondo del mar muerto y sepultado
fue crucificado pero no tu vientre pero no tu de-
[lantal
pero no el vino ahogado antes de llegar hasta tu
[boca.

Es que el huracán ha cerrado la espora y sepultado
para poner su grano de maíz en la tierra entre-
[abierta
caliente acuchillada y fue crucificado cose pues
[ya tu raja hongo
para crecer y ser pistilo aspado acuchillado y fue
[crucificado
muerto y sepultado y al día tercero

oh casos de sólido vino no corrompido entre los
[muertos
tú resucitarás entre calientes panochas.

DÍAS ILUMINADOS

¡Días iluminados! Vago domingo de la navegación
animal que recibe de fuera una luz calculada
para hacer de sus ojos mil y un pensamientos

¡oh razonamientos de color granate y de color
[turquesa!
parterres ordenados sin sabor ni olor
pétalos de una flor entre las páginas de un do-
[mingo inodoro

línea de flotación que construye el aspecto visible
definiendo al navío por su peso invisible
para que la mesana pueda olvidar y ver

travesía de arriba luminosa inodora
por el almacenaje de grano y lino y blenda
¡vino del abordaje! ¡licor del peso ciego!

no hay puerto para abajo únicamente arriba
el que mira adivina lo que le hace mirar
y abajo se traslada el aroma de nada

de aquí a ningún lugar.

CANCIÓN DE LOS SUBVERSIVOS ALCOYANOS

Olvídate del mal y la derrota
ya no eres hez ni barro
eres humano, más que humano
eres republicano
y federal.

Eres un libertario, un insurrecto
con diez o doce de tus compatriotas
combatiendo a las botas con las botas,
muriendo sin espuelas
faltos de munición.

La rosa es sin por qué
no quiere ser mirada,
por eso también las escopetas
quieren ser disparadas
sin pensárselo más.

Has conspirado, odiado y atentado
con los bolsillos repletos de panfletos
¡oh hermano adolescente!
que no surja un soneto jamás de esa tu frente
ni del sufragio universal.

Que nunca el mamarracho literario
pringue con sus merengues
la gloriosa corneta de las insurrecciones
los anónimos cuerpos que aplasta la reacción
sin remisión.

Haz como el compañero Matías de Laserna
tu hermano leridano
tipógrafo que fue de «La Moderna»,

y al morir fusilado
contra la tapia de cualquier cementerio
en una playa o entre la maleza,
grita al caer:

¡Abajo los tres reinos de la naturaleza!
¡Viva el perder!

José-Miguel Ullán

José-Miguel Ullán nació el 30 de octubre de 1944 en Villarino de los Aires (Salamanca).

OBRAS PUBLICADAS

El jornal (1965); *Amor peninsular* (1965); *Un Humano poder* (1966); *Mortaja* (1970); *Antología salvaje* (1970); *Cierra los ojos y abre la boca* (1970); *Maniluvios* (1972); *Frases* (1975); *De un caminante enfermo que se enamoró donde fue hospedado* (1976); *Alarma* (1976) / segunda edición (1977), con ilustraciones de Eusebio Sempere; *Adoración* (1977), con ilustraciones de Eduardo Chillida; *Bethel* (1977), con ilustraciones de José Hernández; *Respònsos* (Cuenca), 1978; *Soldadesca*, Valencia, 1979.

Los poemas publicados en esta antología pertenecen a los siguientes libros: «Salud» a *El jornal;* «Epílogo (II)» a *Amor peninsular;* «Lamentaciones de una muchacha yanqui a eso de la medianoche» a *Un humano poder;* «Parada y fonda» a *Mortaja;* «Goyesca» a *Antología salvaje;* «Urgencia» a *Cierra los ojos y abre la boca;* «A mano armada (VIII)» a *Maniluvios;* «Frase» a *Frases;* «Utopía» a *Alarma;* «IV, 7» a *De un caminante enfermo que se enamoró donde fue hospedado;* «A» a *Adoración;* «XIII» a *Alfonso Fraile en un paisaje abolido;* «I» a *Aires soñados en el jardín de Pablo Palazuelo;* «II» a *Bethel;* «XXXVIII» a *Manchas nombradas / Líneas de fuego;* «Responso» a *Responsos.*

POÉTICA

(LA POESÍA NO TIENE SENTIDO)

I

En la noche risueña del destierro, libre ya de la ley y del instinto, un charco de agua clara me detuvo. Mojo el dedo cordial trazando un círculo y su humedad al paladar le encasca.

Boca del lobo: donde renace el sinsabor, la palabra acecha. Acre es la música cibal del signo.

Yo le saco la lengua, alargo el paso.

II

Llora, porque toda mirada entraña error.

Mas los andrajos, horca, palio y cruz no morirán por este llanto. Mejor, fulgir a solas y rezar en balde. ¿Como el topo? Así; dueño de la penumbra y de su asfixia.

Hablando por hablar. A ciegas. Ojo del corazón, quema el paisaje.

III

Persistente, la rosa. Esclavos somos de raíz. Rosa hedionda, zozobra y estupor de la mordaz melancolía.

A la fosa nasal llama la Historia con sus inciensos categóricos. Corre el verso al runrún del sacrificio, de mar a mar y seductor.

¡Musa servil! Sobre tu altar, un huracán de esperma.

IV

El sordo dios: la carcajada inmóvil.

Murmullo de otra luz será tu fe. Aléjate de la expresión forzada o del silencio amilanado. Oye tan sólo la armonía neutra de lo indeciso e indomable. Deja abierta la puerta más sumisa.

Esa ignorancia zumbará en tu oreja. Fraternalmente.

V

Si la mano va y pierde la cabeza y, en un doble ademán de supresión, rompe la flecha y borra el blanco, ciérrase luego sobre el gran reloj, sangra y se ofrece al vilipendio abyecto, nada esperes que iguale esta pasión, Teoría.

A todo lo demás diles que bueno.

(SALUD)

dijo
SALUD
y un nudo
como quien dice
en el pañuelo gris
guardando
(venia y venia)
sudor de todo el mes

apalpó las monedas
sin tocarlas
que todo un puño
un puño

y yo lo vi llorar
hacia el camastro

EPÍLOGO (II)

En balde brota el húmedo
afecto, la agitación más nueva, el claror
de una espalda querida
irremediablemente vuelta para siempre.
Y entonces, ¿de qué sirve
el hostil salivazo, cuando, con la ternura
en palmatoria, te decides
a dar fe del temblor irremplazable?
Cuesta un triunfo romperle la caricia,
regalarle tu arisca senserina, clavarle a plomo
el aguijón del miedo
o decirle que ha amado cruelmente,
si ya no cabe más —y nada cupo—,
pues desierta la carne ha de seguir, aun sabiendo
del agua tan menuda roce, mentón,
apoyo y levadura) para saciar la sed,
la sed de un niño
hoy expuesto de cara al manantial.
Todo extraño, se agosta nuestro asombro:
ya sin quebrar la risa en libertad, ya sin
chocar esta amargura con los ojos,
dominar la tibieza, ondear las manos
como quien anochece y no halla hoguera
y sigue ahí, solitario, excluido,
culpable y no, jamás
dispuesto a la agresión, jamás dispuesto
a la alegría de ser feliz
si sufre el más cercano, el más amigo,
el camarada, el único.

LAMENTACIONES DE UNA MUCHACHA
YANQUI A ESO DE LA MEDIANOCHE

A Vietnam se fue mi amor.
Ye, ye, ye...
A Vietnam se fue mi amor.

Luchando lleva ya un año.
Ye, ye, ye...
Y solita quedé yo.
Regresa a bailar conmigo,
haz una tregua de amor.
Regresa en paracaídas,
mátame de corazón.

Luchando lleva otro año.
¡Ay del Pentágono!
Y no regresa mi amor.

Llorando paso los días.
¡Ay del Pentágono!
Llorando, mi amor, llorando.
Dicen que la selva tiene
color de sangre y rencor.
Pero mi amor aún no viene
a bailar conmigo el rock.

A Vietnam se fue mi amor.
Ye, ye, ye...
Y se ha pasado al Vietcong.

PARADA Y FONDA

Cando volver, se volvo, tod'estará ond'estaba.

Fidelidad, ¿qué alientas? Dale que dale,
acerba se mantiene hoy la pulpa.
Y no te acoge, empero, la mejilla que encarna
esta hondonada. Parada y fonda. ¿Cuándo
degollarás aquel abril intenso? Adiós.
No porque triunfes con morir, tampoco
porque renuncies al retorno. Hieren
los carnavales del terruño, el vaho
de oscuros camaradas bostezando:
«Ha llegado el momento...» ¡Oh magia hispánica,
estercolero de la fe! Lejano,
olvidarás el santo y seña. Dicen
que la huelga retoza, que es la siega,
que las grúas recobran la sonrisa,
que los héroes... (*Madre, si no es molestia, mán-*
                                                    [*deme*
una bola de sebo conejero y un paquete
más bien mediano de algodón en rama.) Ha
Rafael. Treinta personas   [muerto
(¿treinta millones tiene el mapa?) acuden
al cementerio gris de La Almudena. Adiós. ¿De-
                                                    [cíais?
Dicen que, mancha de aceite célebre —pura de
                                        [oliva, espero—,
un temblor solidario vierte España, que las aulas
vibran al ritmo de la mina,
que... (*Madre, ¿sabe?, recuerdo*
cuando, en medio del mosto, usté rumiaba:
La Tarara tiene / un higo en el culo;
acudid, vecinos, / que ya está maduro...)
Polvorientas palomas. Fidelidad, no obstante.

¿Qué importa abril, la compañera ausente,
el mendrugo reseco, la intemperie? Quisiera, en
Mejor, chitón. Y si   [fin...
alguien avanza, si el ardor nos liga,
fidelidad sin límites. ¿Quedamos?
(Madre, qué mal contaba el tío Petaca
la historia del canónigo: aquella tos, ¡mecachis!,
el cangrejo inmortal... Dele recuerdos.)
Adiós. ¿Pero por qué, y a quién? Inútilmente
anhelarás un gesto. Cabe palpar, a tientas,
esta impotencia, la nostalgia huera,
cierta bondad involuntaria —creedme—,
hasta desembocar en el adiós... Aquel abril
—escríbeme, Rogelio— se desmorona sin olor.
Conmovedor y necio, presenciarlo. Pero... ¡fide-
                                                  [lidad!
Por estas vacaciones no pagadas, por la huelga
—quizás—, por Rafael, por una carta
ntidamente fantasmal, por un fiel tango
—adiós, muchachos—, por la fidelidad
sin más. Llueve en Boulogne, en Frankfurt y en
                                            [Thionville.
Turbia morriña sin rumor del Tormes
se apodera del junco solitario. La memoria,
no sé...; dejémoslo. Dicen que pronto...
(Y Manolo Escobar cantará ahora
para finalizar esta emisión...)
Fidelidad, ¿qué alientas? Dale que dale,
acaso este llanto vislumbre una alborada.
Mas, en tanto, qué lluvia más estéril,
qué ganas de acabar, qué maleficio...
(Madre, hasta pronto.) La verdad
quién sabe no me gusta jurar una manía

GOYESCA

Si amanece, nos vamos.
                          Sin esperanza
ni convencimiento.

(URGENCIA)


```
ca ja ca ja ca ja ca ja ca ja ca ja ca ja ca
ja                     ja                    ja
ca                     ja                    ca
ja                     ja                    ja
ca ca ca ca ca ca ca ja ca ca ca ca ca ca ca
ja                     ja                    ja
ca                     ja                    ca
ja                     ja                    ja
ja ja ca ja ca ja ca ja ca ja ca ja ca ja ja
```

EXPRESS

A MANO ARMADA (VIII)

Áspera
         arcilla
funeral,
         espina
algo dorsal, abochornada
maya
de cal y semen,
capital matanza
entre las nalgas
comunales,
             póstumos
y mustios ecos
del destierro,
jaula
sin más ranura
que tu engaño,
nidia
belleza impía
de la mollar foca
que besa y besa
con blandura
al monje
ahogado

... Pero, al fin,
ya cuando
asome Hibierno
con bufanda
y tufo,
con sabañones
y carranca
, oh padre,
joderás mucho

con la Reina.
                    Y todos
, en tan chunguera
redención
larvaria,
preces y hoces
te ofrendamos.
                    —¡Música!

(FRASE)

según ___ idiosincrasia de lo contrario ___ la utopía ___
a ___ de ___ rechos ___ des ___ sin ___
participación en ___ ida familiar ___ abor ___ pol ___ hacia el
id ___ econo ___ teórico y práctico por parte de l ___ res
públicos civiles ___ icos, de ___ ad per ___ imp ___ ble
e i ___ able.

Es ___ bio de mentalidad, ___ nte r ___ si ___ en
evitar excesos re ___ ivos y ridículas desviaciones, tien ___ o-
m ___ la fo ___ microcélula ___ ara ello se impone una
nueva educació ___ tierre ___ ncestr ___ ucto ___ a
ignorancia biológica, sexual, p ___ o religi ___ jante acti-
tu ___ continuarse ___ escuela y en el tr ___ o, liquidando ___ n
metodolo ___ a, entre otras cosas, ___ os miti ___ o
débil", que tanto han f ___ scriminación ___ errando pro-
g ___ mente la funesta concepción de "car ___ g ___ mas" ___ que
las oligar ___ todo ___ un fis ___ injustamente ___ der
so ___ nómico. Ei ___ , homogeneidad en ___ ític ___ re-
ligiosa, sin que ___ arbi ___ aldad ___ participación.

El Vatic ___ , en su Constitución sob ___ lglesia y el Mundo actual,
recalcó que es contraria a los ___ s de Di ___ uie ___ de
discri ___ ción, ___ te los derechos fundamentales de ___ na
hu ___ y está enraizada en la diferencia de sexo (núm ___ El imperativo concreto ___ tierra esta rotunda afirmación del Co ___ ilio,
coi ___ namen ___ con el qu ___ una pe ___ ular,
p ___ ama la ONU, al declarar a 1975 como Año Internacio ___ de la
Mujer.

N ___ queda, pues, ___ r entre ___ s à la obr ___ tra
Rev ___ ha tocado recientemente el tema, volver ___ o de
fo ___ más sistemá ___ número especial y monográ ___ dedicado a la mujer, ac ___ mente en cu ___ ación En todos ___
emp ___ lgo podría significar no pequeña ayuda. El ___ me ___
de ___ muchos p ___ mund ___ odrían sob ___ narse si
hombr ___ mujer, hombro a hombro y mano a ma ___ s lo
qu ___ uesen capace ___ ontar e ___ a ayu ___ un com ___ destin ___
histórico.

contacto

(A)

el yo intacto   la adición vendrá
a añadir a la letra el uso de la bondad

(XIII)

Así enjaulado, el alcahuete escaldo ha de servir, sumiso, de testigo.

Por encima del cielo blanco, más allá de las nubes blancas —por encima del cielo verde, más allá de las nubes verdes—, ¡sube al cielo, oh tordillo alirrojo!

Y pregunta el fraile: ese punto al que llegue ¿será fijo?

(I)

Si desamas la luz de la esmeralda, no recorras la piel ni el epitafio de esta orilla sin centro. Pero tú, pausa feliz de la expresión opaca, si hacia el muerto horizonte te encaminas con vacilantes alas, hora es que ensalces el espacio álfico de la memoria irrestañable. Nada concluye en fruto. La palabra se eclipsa el ojo escucha.

Aquí, en el agreste campo de los juncos, sueñas emblemas del menguante ayer: privilegio no escrito, pintura.

II

Del arco corres, pues corrupta herida
veda la risa corroyendo el ceño
si hace mudanza no letal tu brida
ayer cautiva por cautivo ensueño.

A un sofle fust tot perdu:
Cuando la airada Babilaña pida
helechos, leches, coliflor sin dueño.

(XXXVIII)

Hasta los párpados del asesino firmaran el honor
de ir hacia el polvo en compañía del temblor au-
rífero. Nunca aprende el Poder.

(RESPONSO)

De Saucelle llegó y era el más feo de toda la manada. Hay cejas que no engañan. Imán. Hay bocas cual navíos de velas abundosas. Imán. Hay
canas sin desgana (impar). Imán. Dormir en Dios.
Requiescat (a muerte o vida) *in pace*. Por algo
desertaste de tu origen ocioso. No por algo: por
Picio. A Cuenca fue conmigo, a pesar de la esposa,
y por eso le tejo esta guirnalda con las rosas y el
daño que merece.

Pedro Gimferrer

Nacido en Barcelona en 1945. Estudios de Derecho y Filosofía y Letras. En 1966 obtuvo con su libro *Arde el Mar* el Premio Nacional de Poesía. Actualmente reside en Barcelona.

OBRAS PUBLICADAS

Libros de Poesía:
El mensaje del tetrarca, Barcelona, 1963.
Arde el mar, Barcelona, 1966.
La muerte en Beverly Hills, Madrid, 1968.
Poemas 1963-1969, recoge los dos libros últimos junto a un inédito: *Extraña fruta y otros poemas*, Barcelona, 1969, y Madrid, 1978.
Els Miralls, Barcelona, 1970.
Hora foscant, Barcelona, 1972.
Foc cec, Barcelona, 1973.
L'espai desert, Barcelona, 1976.
Poesía 1970-1977. En este libro reúne toda su producción en catalán, en edición bilingüe y traducida por el propio autor, además del libro *Tres poemas*.
Poemas 1963-1969, Madrid, 1979 (2.ª edición).

Los poemas que el poeta escribió en su lengua vernácula hemos preferido ofrecerlos aquí en las versiones que de los mismos realizó el autor.

Ensayo:

Lecturas de O. Paz, Barcelona, 1980.
Radicalidades, Barcelona, 1978.

Los poemas aquí publicados lo fueron ya en: Los cuatro primeros en *Arde el mar*. «Yo que fundé...» y «Los barcos zarpan», en *La muerte en B. H.* «Dido y Eneas», pertenece a *Extraña fruta*. «Celados» a *Els Miralls*. «Hora oscurecida» a *Hora foscant*. «Complanta» a *Foc ceg*. Los dos últimos al libro *Tres poemas*.

POÉTICA

De un Punto Cero *hace partir Valente, en esta nueva etapa, su propia poesía, esto es, del área de máxima tensión del lenguaje, que es la zona en cierto modo preverbal o supra-verbal, el área de lo no dicho y quizá no decible. Mi estado de espíritu después de cada nuevo libro, no es muy distinto, y de modo particular lo es desde mi último libro,* L'espai desert. *En la zona de lo absoluto, la poesía que ingresó en ella y postuló para sí tal solicitación extrema ¿qué queda, sino esperar a que, en el lenguaje hablo lo que por el lenguaje pueda manifestarse? No un «oficio o aburrido arte», como diría y dijo Dylan Thomas, sino una tarea de conocimiento por la palabra, conocimiento que, aún para uno mismo, sólo se hace explícito mediante la operación del poema. Tal es ahora, y desde hace años, el sentido de la poesía para mí. Quiero decir de la poesía que yo escribo. Y, por otro lado, el fin de la demarcación de los géneros (narrativa, lírica, ensayo) y aún de las disciplinas (literatura, pensamiento) preside este propósito de investigación textual. El tiempo dirá de su futuro y de lo que haya podido obtener su presente.*

ODA A VENECIA ANTE EL MAR
DE LOS TEATROS

> Las copas falsas, el veneno y la calavera
> de los teatros.
>
> García Lorca

Tiene el mar su mecánica como el amor sus sím-
[bolos.
Con qué trajín se alza una cortina roja
o en esta embocadura de escenario vacío
suena un rumor de estatuas, hojas de lirio, alfan-
[jes,
palomas que descienden y suavemente pósanse.
Componer con chalinas un ajedrez verdoso.
El moho en mi mejilla recuerda el tiempo ido
y una gota de plomo hierve en mi corazón.
Llevé la mano al pecho, y el reloj corrobora
la razón de las nubes y su velamen yerto.
Asciende una marea, rosas equilibristas
sobre el arco voltaico de la noche en Venecia
aquel año de mi adolescencia perdida,
mármol en la Dogana como observaba Pound,
y la masa de un féretro en los densos canales.
Id más allá, muy lejos aún, hondo en la noche,
sobre el tapiz del Dux, sombras entretejidas,
príncipes o nereidas que el tiempo destruyó.
Qué pureza un desnudo o adolescente muerto
en las inmensas salas del recuerdo en penumbra.
¿Estuve aquí? ¿Habré de creer que éste he sido
y éste fue el sufrimiento que punzaba mi piel?
Qué frágil era entonces, y por qué. ¿Es más ver-
[dad,
copos que os diferís en el parque nevado,

el que hoy así acoge vuestro amor en el rostro
o aquél que allá en Venecia de belleza murió?
Las piedras vivas hablan de un recuerdo presente.
Como la vena insiste sus conductos de sangre,
va, viene y se remonta nuevamente al planeta
y así la vida expande en batán silencioso,
el pasado se afirma en mí a esta hora incierta.
Tanto he escrito, y entonces tanto escribí. No sé
si valía la pena o la vale. Tú, por quien
es más cierta mi vida, y vosotros, que oís
en mi verso otra esfera, sabréis su signo o arte.
Dilo, pues, o decidlo, y dulcemente acaso
mintáis a mi tristeza. Noche, noche en Venecia
va para cinco años, ¿cómo tan lejos? Soy
el que fui entonces, sé tensarme y ser herido
por la pura belleza como entonces, violín
que parte en dos el aire de una noche de estío
cuando el mundo no puede soportar su ansiedad
de ser bello. Lloraba yo, acodado al balcón
como en un mal poema romántico, y el aire
promovía disturbios de humo azul y alcanfor.
Bogaba en las alcobas, bajo el granito húmedo,
un arcángel o sauce o cisne o corcel de llama.
                              Lloré, lloré, lloré.
¿Y cómo pudo ser tan hermoso y tan triste?
Agua y frío rubí, transparencia diabólica
grababan en mi carne un tatuaje de luz.
Helada noche, ardiente noche, noche mía
¡como si hoy la viviera! Es doloroso y dulce
haber dejado atrás la Venecia en que todos
para nuestro castigo fuimos adolescentes
y perseguirnos hoy por las salas vacías
en ronda de jinetes que disuelve un espejo
negando, con su doble, la realidad de este poema.

PEQUEÑO Y TRISTE PETIRROJO

Oscar Wilde llevaba
una gardenia en el pico.
Color gris color malva en las piedras y el rostro,
más azul pedernal en los ojos, más hiedra
en las uñas patricias, ebonita en las ingles de los
[faunos.
No salgáis al jardín: llueve, y las patas
de los leones arañan la tela metálica del zoo.
Isabel murió y estaba pálida,
una noche como ésta.
Hay orden de llorar sobre el bramido estéril de
[los acantilados.
Un violín dormirá? Unas camelias?
Y aquel pijama rosa en pie bajo la lluvia.

PUENTE DE LONDRES

                            ¿Encontraría a La Maga?
—¿Eres tú, amigo? —dije.
—Deséale suerte a mi sombrero de copa.
Una dalia de cristal
trazó una línea verde en mi ojo gris.
El cielo estaba afónico como un búho de níquel.
—Adiós, amigo —dije.
—Echa una hogaza y una yema de huevo en mi
[bombín.
Una bombilla guiñaba entre las hojas de acanto.
Mi corazón yacía como una rosa en el Támesis.

PRIMERA VISIÓN DE MARZO

I

¡Transustanciación!
                    El mar, como un jilguero,
vivió en las enramadas. Sangre, dime,
repetida en los pulsos,
que es verdad el color de la magnolia, el grito
del ánade a lo lejos, la espada en mi cintura
como estatua o dios muerto, bailarín de teatro.
¿No me mentís? Sabría
apenas alzar lámparas, biombos,
horcas de nieve o llama en esta vida
tan ajena y tan mía, así interpuesta
como en engaño o arte, mas por quién
o por qué misericordia?
Yo fui el que estuvo en este otro jardín
ya no cierto, y el mar hecho ceniza
fingió en mis ojos su estremecimiento
y su vibrar de aletas, súbitamente estáticas
cuando el viento cambió y otras veces venían
—¿desde aquella terraza?— en vez de las antiguas,
color de helecho y púrpura, armadura en el agua.
Tanto poema escrito en unos meses,
tanta historia sin nombre ni color ni sonido,
tanta mano olvidada como musgo en la arena
tantos días de invierno que perdí y reconquisto
sobre este mismo círculo y este papel morado.
No hay pantalla o visera, no hay trasluz
ni éstas son sombras de linterna mágica:
cal surca el rostro del guerrero, roen
urracas o armadillos el encaje en los claustros.

Yo estuve una mañana, casi hurtada
al presuroso viaje: tamizaban la luz
sus calados de piedra, y las estatuas
—soñadas desde niño— imponían su fulgor inani-
como limón o esfera al visitante.   [mado
Visión, sueño yo mismo,
contemplaba la estatua en un silencio
hecho sólo de memoria, cristal o piedra tallada
pero frío en las yemas, ascendiendo
como un lento amarillo sobre el aire en tensión.
Hacia otro, hacia otra
vida, desde mi vida, en el común
artificio o rutina con que se hace un poema,
un largo poema y su gruesa artillería,
sin misterio, ni apenas
este sordo conjuro que organiza palabras o fluctúa
de una a otra, vivo en su contradicción.
Interminablemente, mar,
supe de ti: gaviotas a lo lejos
se volvían espuma, y ella misma
era una larga línea donde alcanzar los ojos: uni-
                              [dad. Y en el agua
van y vienen tritones y quimeras, pero es más
                                          [fácil
decir que vivo en ella y que mi historia
se relata en su pálido lenguaje.
Pentagrama marino, arquitectónico,
qué lejano a este instante muerto bajo la mesa,
al sol en la pecera y el ámbar en los labios,
a la lengua de cáñamo que de pronto ayer tuve.
Interiormente llamo o ilumino
esferas del pasado y me sé tan distinto
como se puede ser siendo uno mismo y pienso
en el mejor final para este raro poema
empezado al azar una tarde de marzo.

II

La tarde me asaltaba como una primavera
en Arezzo, y yo cedía al repertorio
de emociones y usos de poeta: deidades
se materializaban a mi voz, faunos ígneos
amenazaban cada gruta, sombras
de mí mismo me esperaban bajo el tapial de ála-
(Todavía no he hablado, ni lo haré,   [mos.
de otros prodigios, alcotán o ninfa Egeria,
clase de francés a mis doce años o recuerdos de
                              [una guerra no vivida,
primeras horas con Montaigne o inútiles lecciones
                                        [de solfeo,
minotauro de Picasso y poesía entre mis apuntes,
                     [toda una memoria abolida
por el silencio encapuchado de esta tarde.)
Penitente el jardín, las hojas ciegas
amarilleaban obstinadamente.
                         Sin duda vine a esto,
Y no llamado por un rito o mística
revelación sabiendo, y aceptando,
que nada iba a hallar sino en mí mismo.
                            Así el jardín es otra
imagen o rodeo, como al final de un súbito pasillo
la luz se abre y el balcón llamea,
ignorando hasta entonces; o más bien
la pausa entre relámpago y relámpago,
cuando en la oscuridad todo es espera
y de pronto llegó (¿pero era esto?)
                                   Luces
inquietan el jardín, como de balneario
—un quinteto en la pérgola, té, gravilla— donde
                                   [aún es posible

reconocerse, aquél, bajo los sauces tártaros,
y estar allí sin que nadie lo sepa,
como uno que viajó consigo mismo en el avión,
                              [entre brumas neerlandesas,
y aún hoy lo ignora.
Fácil, fácil conquista, marzo y árboles rojos.
Surtidor el unánime, tened piedad de mí.

III

¡Con qué tenacidad
insiste la columna!
Serpiente o mármol o marfil
en el silencio ovalado de la plaza
impone su ascensión: oro o musgo que crece,
sal y rumor de luces submarinas.
Medallones del sol, a plomo sobre el aire,
se fijan en el muro y su estertor calcáreo:
arden, mueren, desmienten
una verticalidad hecha de sombra.
                              Veo
con otros ojos, no los míos, esta plaza
soñada en otros tiempos, hoy vivida,
con un susurro de algas al oído
viniendo de muy lejos.
                              Atención:
bajo el viento de marzo la plaza en trance vibra
como un tambor de piedra.
Mar o libro de horas,
se trata de ordenar estos datos dispersos.

IV

Ordenar estos datos es tal vez poesía.
El cristal delimita, entre lluvia y visillos,
la inmóvil fosforescencia del jardín.
Un aro puede arder entre la nieve bárbara.
Ved al aparecido y su jersey azul.
Así puedo deciros
esto o aquello, aproximarse apenas
a la verdad inaprensible, como
buscando el equilibrio de una nota indecisa
que aún no es y ya pasó, qué pura.
Violines o atmósferas.
                        Color muralla, el aire
proyectando más aire se hace tiempo y espacio.
                        Así nosotros
movemos nuestras lanzas ante el brumoso mar
y son ciertas las luces, el sordo roce de espuelas
                        [y correaje,
los ojos del alazán y tal vez algo más, como en
un buen cuadro.

YO QUE FUNDÉ TODOS MIS DESEOS

Yo, que fundé todos mis deseos
bajo especies de eternidad,
veo alargarse al sol mi sombra en julio
sobre el paseo de cristal y plata
mientras en una bocanada ardiente
la muerte ocupa un puesto bajo los parasoles.
Mimbre, bebidas de colores vivos, luces oxigena-
            [das que chorrean despacio,
bañando en un oscuro esplendor las espaldas, aca-
            [riciando con fulgor de hierro blanco
unos hombros desnudos, unos ojos eléctricos, la
        [dorada caída de una mano en el aire sigiloso,
el resplandor de una cabellera desplomándose en-
            [tre música suave y luces indirectas,
todas las sombras de mi juventud, en una usual
                [figuración poética.
A veces, en las tardes de tormenta, una araña ro-
            [jiza se posa en los cristales
y por sus ojos miran fijamente los bosques em-
                    [brujados.
    ¡Salas de adentro, mágicas para los silen-
    [ciosos guardianes de ébano, felinos y nocturnos
            [como senegaleses,
cuyos pasos no suenan casi en mi corazón!
No despertar de noche el sueño plateado de los
                    [mirlos.
Así son estas horas de juventud, pálida como on-
            [dinas o heroínas de ópera,
tan frágiles que mueren no con vivir, no: sólo con
                    [soñar.
En su vaina de oscuro terciopelo duerme el prín-
                    [cipe.
Abandonados rizos en la mano se enlazan. Las pes-

[tañas caídas hondamente han velado los ojos
como una gota de charol y amianto. La tibieza es-
[condida de los muslos desliza su suspiro de hal-
[cón agonizante.
El pecho alienta como una arpa deshojada en in-
[vierno; bajo el jersey azul
se para suave el corazón.
Ojos que amo, dulces
[hoces de hierro y fuego,
rosas de incandescente carnación delicada, fulgo-
[res de magnesio
que sorprendéis mi sombra en los bares noctur-
[nos o saliendo del cine, ¡salvad
mi corazón en agonía bajo la luz pesada y densa
[de los focos!
Como una fina lámina de acero cae la noche.
Es la hora en que el aire desordena las sillas, ago-
[ta en los cubiertos,
tintinea en los vasos, quiebra alguna, besa, vuelve,
[suspira y de pronto
destroza a un hombre contra la pared, en un sor-
[do chasquido resonante.
Bésame entre la niebla, mi amor. Se ha puesto
[fría
la noche en unas horas. Es un claro de luna borro-
[so y húmedo
como en una antigua película de amor y espionaje.
Déjame guardar una estrella de mar entre las
[manos.
Qué piel tan delicada rasgarás con tus dientes.
[Muerte, qué labios, qué respiración, qué pecho
[dulce y mórbido ahogas.

LOS BARCOS ZARPAN HÚMEDOS AL ALBA

Los barcos zarpan húmedos al alba
aún bajo el estaño de la noche encendida.
Circo polar, oh fábricas desiertas, aeropuertos de
[luces azules,
¿de qué le sirve a un hombre amar? Consumido
[de noches blancas en vísperas de viajes,
sangre y carmín en la pechera, a esta hora en que
[el whisky y los tangos idealizan la luz de una
[sonrisa
y en los locales refrigerados basta un pincel de
[plata magnética sobre unos ojos para encontrar
[en ellos las horas perdidas de nuestra infancia,
[cuando desde la galería veíamos volar los vence-
[jos de la tarde,
¿de dónde viene a un hombre el amor?
Paletadas
[de sal, dos rosas ocupando las cuencas de los
[ojos, algo como un sordo dolor, una aguja de hie-
[rro que acaricia la lengua y los oídos.
Así apenas se oyen los pasos, igual que en la ha-
[bitación acolchada donde escribía Proust.
Una delicada transformación acaba de operarse.
[Veréis: Jugar a la ruleta rusa, especialmente en
[abril, deja en la boca el sabor espeso y dulce
[de un cosmético. ¿Han empezado ya a nacer las
[lilas?
Como en estas noches en que la claridad de la
[luna es la misma que tenía en los andenes de
[los trenes nocturnos que nos llevaban de vera-
[neo a los quince años.
Y ahora estamos quizá un poco más pálidos. Las
[calles tienen el silencio y la blancura helada del
[quirófano.

Ruiseñor, como un ópalo besado a oscuras, ¡de-
[rrítete en mi pecho!
Mi corazón es un brocado centelleante bajo las
[verdes estrellas.
Noches de nieve y de teatro. Carrocería lenta de
[los astros glaciales galopando en silencio,
cuando en la primavera las noches son más tibias
[y en los estanques sombras azules de *teen-agers*
[se besan bajo el agua.
Relámpagos de cárdena luminosidad en el estadio
[vacío, sobre las gradas desiertas y las tribunas
[fantasmales.
La lluvia en un parque de atracciones, tiene la luz
[plateada de las pistas de baile y los hoteles de
[otro tiempo.
Una espada, un pañuelo, una muerte fragante co-
[mo el atardecer y como él sombría y delicada.

DIDO Y ENEAS

I

Está bien y es una norma: fuera del paraíso,
recordando, no a Eliot, sino una traducción de
[Eliot,
(nuestra vida como los pocos versos que quedan
[de T. E. Hulme)
las naves que conducen a los guerreros difuntos,
(qué dios, qué héroe bajo los cielos recibirá esta
[carga),
la madera calafateada, el chapaleo, las oscuras
[olas,
avanzando, no hacia un reino ignorado, no hacia
[el recuerdo o la infancia,
sino más bien hacia lo conocido. Así vuelve de
[pronto Milán,
una noche a los dieciséis años: luz en la luz, re-
[lámpago, rosa y cruz de la aurora (los tranvías,
[disueltos en el crepúsculo, de oro, de oro — y en
[mi pecho, qué frágiles).
Dido y Eneas, sólo una máscara de nieve,
un vaciado en yeso tras el maquillaje escarlata,
como danzarina etrusca,
                    cálido fox,
                         oscuro petirrojo,
la imperial de los ómnibus de Nueva Orléans está
[pintada de amarillo
y hay que bailar con un alfiler de oro en la me-
[jilla
(como cuando se rezan oraciones para conjurar al
[Ruiseñor y la Rosa
o al milano de tarde)

Amor mío, amor mío, dulce espada,
las llamas invadieron las torres de Cartago y sus
[jardines,
qué concierto en la nieve para piano,
qué concierto en la nieve.

II

Y aún nos es posible cierta aspiración al equili-
[brio,
la pureza de líneas, el trazado de un diseño,
el olvido de la retórica de lo explícito por la re-
[tórica de las alusiones,
los recursos del arte (la piedra presiente la for-
[ma),
el recuerdo de una tarde de amor o un rezo en la
[capilla del colegio,
la vidriera teñía los rostros de un esplendor vio-
[leta,
naufragaban en la claridad submarina las hebillas
[de oro de los caballeros,
todo en escorzo, la luz amarilla chorreando en las
[botas y los cintos,
las cabezas estáticas, vueltas al cielo raso, porce-
[lana en la tarde,
la quilla, los velámenes,
(qué costas y escolleras),
las islas, timonel,
en el viento nos llegan los cabellos de una sirena,
[las arenas doradas
historias de hombres ahogados en el mar.
¿qué costas? ¿Qué legiones?

CELADAS

Poetry is the subject of the poem.

WALLACE STEVENS

I

Dicen que Apollinaire escribía
reuniendo fragmentos de conversaciones
que oía en los cafés de Montmartre: perspectivas
                                    [cubistas,
como los recortes de periódico de Juan Gris,
                            celadas
cuando el fondo es más nítido que la figura central,
en primer término, algo deformada, enteramente
    [reducida a ángulos y espirales —los colores
    [son más vivos en los ventanales del cre-
                        [púsculo: un tintineo metálico
en la cabaña de la infancia —de eso hablaba Höl-
                                    [derlin
y eran salones: preceptor, damascos rojos, el es-
                            [pejo veneciano,
Wozu Dichter in dürftiger Zeit, y Goethe escribi-
    [ría a Schiller que aquel muchacho amigo suyo,
aunque todavía algo tímido y con la natural fal-
                            [ta de experiencia
(todo, en el tono de la carta, trasluce el benévo-
    [lo desprecio del viejo ante la poesía de un jo-
    [ven: él ya había escrito versos y —le pare-
    [cía— mucho más serenos, o mejores, o, cuan-
    [do menos, con aquel clasicismo que garanti-
                        [zaría su perpetuidad),

195

porque el arte clásico se mantendrá siempre:
    [Hölderlin, en sus últimos años, a su madre
le escribía muy respetuosamente, con las fórmulas
                [aprendidas cuando niño,
y le pedía tan sólo unos calzoncillos, un par de
    [calcetines mal cosidos, cosas pequeñas y obvias
como las de Rimbaud en Abisinia, o en el hospital
        —*Que je suis donc devenu malhereux!*—
y los poetas acaban así: heridos, anulados, muer-
            [tos-vivos, y por eso los llamamos poetas.
¿Así? La crucifixión de algunos no es tal vez sino
                    [un signo,
y es el equilibrio de otros su grandeza y su
                    [muerte,
y la fosforescencia de Yeats (Bizancio, como un
    [gong en el crepúsculo) el precio que pagamos
por aquel cuyo nombre estaba escrito en el agua.
Porque algún precio debe pagarse, podéis estar
            [seguros: Eurídice yace aún muerta
sobre los conmutadores eléctricos y el azul de
    [una sala tibia como la caja de un piano de caoba.
El mundo de Orfeo es el de detrás de los espejos:
                    [la caída de Orfeo,
como el retorno de Eurídice de los infiernos, las
    [bicicletas, los chicos que venían de jugar al
            [tenis y mascaban *chewing gum*,
rubias espaldas, cuerpos dorados —delicados—,
    [las muchachitas de calcetines colorados y
    [ojos azules de Adriático que bebían gin con
                    [naranja,
las que se bañaban desnudas en las novelas de
    [Pavese y las llamábamos chicas topolino,
(no sé si habéis conocido el topolino: era un co-
    [che de moda, o frecuente, en los *happy forties).*
Pero ahora ya soy más viejo, aunque decir
    [viejo sea inexacto, pero el color del gin con
            [naranja
où sont où sont the dreams that money can buy?

II

Este poema es
una sucesión de celadas: para el
lector y para el
corrector de pruebas
y para
el editor de poesía.
                    Es decir,
que ni a mí me han dicho lo
que hay detrás de las celadas, porque
sería como decirme el dibujo
del tapiz, y esto
ya nos ha enseñado James que no
es posible.

HORA OSCURECIDA

Llamas más eclipsadas que vencidas,
auroras algún día luminosas,
sombras ya de mi vista tenebrosas,
tenebrosas, mortales, mas queridas.

FONTANELLA

Este cuerpo mío, tan acostumbrado a las nubes
que toda esta luz se le hace ceniza,
el movimiento mismo del cielo, velamen
oscuro de la madrugada, desfiladeros, fábulas
de la oscuridad y del oro, cuando las agujas
no hieren un cuerpo. Si cierro los ojos
aún se mueve la arboleda, el bosque del cielo,
verde como una mirada. Los movimientos
de las aguas profundas y el del cuerpo
suenan con igual latido. No temo a los árboles
cuando oscurece, ni a los ojos de la valquiria,
con todo el resplandor del sol, o acechantes
como el escudo de la luna. La fragua
y el horno del cielo, derruidos dominios,
escombro y hoguera, campo de leñadores!
Campos de hacha, en el cielo. De bosque. Helechos,
con tanta piel del lobo, de tejón, la herramienta
nocturna, el colmillo oscuro, metal o mármol,
párpado cerrado. Como el bosque, la arboleda
se mueve: signos, batalla. En el cielo invernal
crujen las ramas. Brillará una piedra,
piedra de profecía, y se trasmutan
las herramientas terrenales. Noches, un arado
en el corazón vivo de la noche, pico de legón
hundido en tierra! No, mi pecho
no es el cielo, altar de relámpagos oscuros.

Ni mi altar es el cielo. Tinieblas,
lección de la tinieblas, cercado, aposento
de la muerte. Hachea, fuego de octubre,
el maderamen y la arboleda de la mañana!

ENDECHA

Mirad el cielo oscuro de tormenta,
como un telón dorado y mudo,
máscara negra. ¡Cuántas manos
ante un imperio vencido!
Oscuro, el resplandor cárdeno de un cetro.
Calcinado astro todo aristas.
Estas manos codiciosas
y mi cuerpo, antes tan voraz,
¿a qué escollos, a qué cala
todo el maderamen de este barco?
Vaso de nieve y de suplicio.
Cosecha de oro oscuro del féretro.
El cuerpo, inmóvil, se me queda
como el fuego disuelto de un escudo.
La hoja verde ¿no conoce
todo el silencio del trajín?
De tantas voces, de tantos estigmas,
este color de algodón sucio.
Borra y escamas en las manos.
Relámpagos del crepúsculo caído.
Carros del sol calles allá.
¿El cedro? Los cuervos lo han arrebatado.
¿De qué zafiro es esta llama?
¡Monstruo selvático y cornudo,
deseo humano, lóbrega dádiva
de un cuerpo de tormenta y soledad!

UNIDAD

A Marie José y Octavio Paz

Dictado por el crepúsculo,
dictado por el aire oscuro, el círculo se abre
y habitamos en él: transiciones, espacio
intermedio. No el lugar
de la revelación, sino el lugar
del reencuentro. La espada
que divide la luz.
                              Del ojo a la mirada,
la claridad permanente, el ámbito de los sonidos,
la campana que clausura la visión terrestre
como el ojo inexorable de la forma floral
fija el fuego de un carbunclo. Este ojo
¿ve mi ojo? Es un espejo de llamas
el ojo que ahora me ve. Con sonido de poleas,
los ejes de la noche. Desarbolada,
se derrumba la oscuridad y, a tientas,
el sol conoce la noche.

NOCHE DE ABRIL

La mente en blanco, con claridad celeste
de alto zodíaco encendido: cúpula vacía,
azul y compacta, forma transparente
al abrigo de una forma. Así vuelvo a encontrarme
buscando esta calle. Ni está, ni estaba:
ahora existe, en levitación,
porque la mente la inventa. Asedio adusto,
pleito de lo visible y lo invisible: llama
y consumación. Contornos, inmóvil
piedra que cristaliza. Esta noche,
tormento de los ojos, tormento que una palabra
                                              [designa,
sin decirlo del todo, como el reflejo
de una perla en tinieblas. Ahora los dedos
arden con la claridad de una palabra. ¿El sol?
El nocturno cuerpo solar, hecho pedazos, rueda
cielo abajo, piel abajo. Ni el tacto sabe
detener la caída. Incendiado
y poderoso. Riegan, de madrugada,
las calles, y un silencio nulo de cláxons,
en los pasajes húmedos, abre un imperio
donde a la piel responde la piel, y el nudo
se hace y deshace. Las teas de Orión
ven los cuerpos enlazados. Astral
escenario de profundos cortinajes
sobre el resplandor sonoro. Dices
sólo una palabra, la palabra del tacto, el sol
que ahora tomo en mis manos, el sol hecho pala-
                                              [bra,
tacto de la palabra. Y las estrellas, táctiles,
inviolados, carro que al deslizarse
al fondo de un vidrio vago se refleja
en tu lujo, claridad de espalda y nalgas,

el globo detenido, ígneo: el reverso
oculta el trueno oscuro del monte de Venus. Bri-
dos tinieblas cuando el firmamento   [llan
mueve galeras y remos, y ahora escucho
el oleaje, el chapoteo de los pechos y el vientre,
copiados por la noche. La estancia cósmica
es la estancia del cuerpo, y la blancura
no confunde nubes altas y verde de espuma:
todo lo delega, lo reenvía todo. Tiemblan,
esperando recibir un nombre, las criaturas
de la oscuridad, el dibujo de las tenazas
de los dos cuerpos, tapiz del cielo, horóscopo
giratorio. ¿Un sentido? Todo, ahora, es doble:
las palabras y los seres y la oscuridad.
Pero, escucha: muy lejos, desde esquinas
y faroles nocturnos, vacíos de murmullos,
negativo ignorado de magnesio,
vengo, mi rostro viene, y ahora este rostro
vuelve a ser el rostro mío, como si con un molde
me rehicieran los ojos, los labios, todo,
en el arduo encuentro de este otro, un trazo
dibujado al carbón, que no conozco, que toma
posesión del hielo, que me funde y me hiela.
Es éste el enemigo, el que yo siento,
irrisorio y soberbio, ojo o escorpión,
el nombre del animal, el antiguo dominio.
¿Lo reclama el amor? Cuando dientes y uñas
bordean el azulado coto de la piel,
cuando los miembros se aferran, la certeza
¿viene de un fondo más remoto? Curvados, se
                              [despeñan
los amantes, como las formas minerales,
rechazados por la noche que calcina el mundo.

Marcos Ricardo Barnatán

Nació en Buenos Aires en 1946. Estudios de Filosofía y Letras interrumpidos. Reside en España desde 1965. Tiene nacionalidad española. Colaborador habitual de numerosos periódicos y revistas españolas y extranjeras.

OBRAS PUBLICADAS

Poesía:

Acerca de los viajes, Madrid-México, 1966.
Tres poemas fantásticos, Málaga, 1967.
Los pasos perdidos, Madrid, 1968.
Laberintos, Buenos Aires, 1968.
Muerte serena, Málaga, 1969.
El libro del talismán, Madrid, 1970.
Arcana Mayor, Madrid, 1973.
La escritura del vidente, Barcelona, 1979.
El oráculo invocado (1965-1977), inédito que reúne toda su producción.

Novela:

El laberinto de Sión, Barcelona, 1971.
Gor, Barcelona. 1973.
Diano, Madrid (inédita).

Ensayo:

Jorge Luis Borges, Madrid, 1972.
Borges, Madrid, 1972.
Las metáforas de Eduardo Sanz, Madrid, 1976.
Acontecimientos que cambiaron la historia, Barcelona, 1975.

La Kábala, Barcelona, 1974.
Conocer a Borges, Barcelona, 1978.

Introducción y estudio de *Narraciones*, de J. L. Borges, Madrid, 1980.

Traducción:

Antología de la Beat Generation, Barcelona, 1970.
Antonin Artaud. *El Pesa Nervios*, Madrid, 1976.

El poema «Oración en Venecia» pertenece a *Los pasos perdidos*. «Zonas prohibidas», «Poema de la selva» y «Del plumaje en peligro», a *El libro del talismán*. «El poema de Amitai», «La vía de Alepo», «Las mil y una noches» y «Tótem» a *Arcana mayor*. El resto, es de *La escritura del vidente*.

POÉTICA

ARTE POÉTICA

By this, and this only, we have existed.

T. S. Eliot

La letra más que marcar llamea
Desgarra la esteparia faz del papel
Para ser cuerpo en el tiempo
Madura gacela palpitante.

Un silencio transparente hiere
Es el blanco vacío derramado
El rayo que en vano nombra.

Ahora el fuego ha encendido luces
Para dar significado al eclipse
Y desvelar el misterio escrito.

La torpe oscuridad se fatiga.
Siete veces el esplendor dará batalla.
Y la vida y la muerte serán del poeta.

ORACIÓN EN VENECIA

Muéstrate benigno, Señor, por tu bondad
con Sión.

SALMOS 50, 20

Ascienden silenciosos vegetales,
mientras las fuentes van perdiendo su chorro.
Siempre ha sonado el zafarrancho,
el rebaño corre desde que existen los juncos.
Rompimos los ídolos, y los pedazos de barro co-
nos persiguieron.   [cido
               Hoy la lluvia sobre Venecia
es una cortina brumosa, balcón al canal y enreda-
                                         [dera.
Las llamas de los candelabros tiemblan, es el vien-
del odio que asusta a los candiles.   [to
               El mar es una lejanía que renace,
espectros de pájaros en el viento, es un ruido
que baja de la montaña y encorvado como sus
vuela feroz, líquido y fétido.   [garras
Esta ventana es ojo de buey hacia el infierno,
en los mosaicos brilla la silueta del león alado,
mientras el trueno se encarama de las torres,
y el agua corre sucia bajo el puente del Gheto
                                      [Nuevo.
Hay un murmullo transparente que llega escondi-
                                         [do
desde las olvidadas piedras del Templo de Jeru-
                                      [salén:
Shemá Israel, Adonai Elojenu, Adonai Ejat.
     Acaricio la tosquedad de los personajes
de bronce, y siento el calor oscuro de las lámpa-
                                      [ras.

En estas arcadas duermen, bajo cada columna
[late el alabastro,
y hay pájaros heridos sollozando entre las lápidas.
Ni sortilegio, ni hechizo, ni filigrana,
sólo las velas escondidas tras los capiteles
y este mar de campanas y de mármoles devolvién-
[donos
el recuerdo de los inquisidores, el humo de los
[hornos
crematorios, paleta de remo roto y cisnes desplu-
[mados.

Aquí están, Señor, los mismos muros de pie-
[dra
aplastada, la misma caligrafía lenta decora el ce-
[dro
de todos estos oratorios que un día albergaron Tu
[presencia.
Hay soledad, y el silencio se ha adueñado de los
[templos,
nadie osa pronunciar palabra alguna, y las aguas
[del Jordán
se revuelven turbias, y los pastores abandonan sus
[manadas.
No hubo rayo de luz en el delirio,
el crepúsculo con sus tentáculos sombríos fue aho-
[gando,
poco a poco, todos los cuellos indefensos.

Las llagas subsisten en el rostro de estos hombres
que me miran mansamente, casi sin verme.
Adivino en sus ojos azules las horas de terror,
la huida por los campos arrasados,
y aquellas terribles sombras delatoras
corriendo al son de sirenas por las calles.

Todas estas sonrisas tienen pesadillas,
debajo de la bruma húmeda hay un recuerdo,

animales dudosos, pluma y pez ciego enloquecien-
[do.

Oíd, Señor, oíd la voz de los Justos, oíd la triste
[música
de la lluvia en Venecia, el tímido sollozo de los tu-
[yos.

ZONAS PROHIBIDAS

I

¿prefieres este puesto de esclavo en la tierra
antes que el de monarca de las sombras?

Deslúmbrate con la bella figura reflejada
en las aguas, mas no intentes abrazarla.
Allá, en el país de los desfiladeros y leones,
en la latitud de las selvas y montañas,
al borde del mar de los escorpiones hay una bar-
[ca,
tras la barca una vela, tras la vela un desierto,
tras el desierto una cueva, y un pasadizo y una
[puerta estrecha.

Vuélvete y ve cómo todo ha cambiado.

Más allá, en los confines de tierras y mares,
donde la agonía del sol es la diaria imagen
de la agonía del hombre, donde la realidad
herida se divide y crea dos paraísos,
un extraño camino recorre zonas prohibidas
donde *los hijos de los dioses se unieron*
con las hijas de los hombres y les engendraron
[*los héroes.*
Una ciudad sobre la que nunca cayeron las nieves,
una ciudad alada en la oscuridad de las noches,
señorial y arcaica, reclinada en las faldas emplu-
[madas del monte,
rodeada de una muralla de fuego, entregada al éx-
[tasis del relámpago.

Una isla, refugio de los espíritus más secretos,
región de los grandes silencios, de las nieblas eter-
[nas,
de los ríos remotos con sus máscaras y sus sueños
al pie de un arco iris permanente.

Una isla con sus embarcaderos frente al mar,
que gira y nace del polvo de los muertos.
Una isla de naves cristalizadas e inmóviles,
de peces y lluvias invisibles.

POEMA DE LA SELVA

Ante el despertar de las lluvias, cuando
crecen las sombras vegetales y se vierten desnudas,
cuando deliran en su esplendor las bestias
anhelantes de playas remotas,
el rostro de los astros alza su imagen,
resbala por las cabezas inundadas de rocío
que alimenta el alma de los justos.

Un amanecer de manantiales ebrios sobre una tie-
[rra
herida por guerreros antiguos, por príncipes sin
[edad,
enfermos por las espumas, el humo y la ceniza
[de los muertos.

Tierra de bellezas sangrantes, de enfebrecidos in-
[sectos,
refugio de las fuentes prohibidas y espléndidas,
ámbito del fantasma inocente turbado entre gace-
que elige un sendero y abre una puerta   [las,
donde humea siempre una respuesta.

Un sueño, como un espejo, es el engaño,
la trampa tendida ante las arenas más finas,
junto a las aguas más azules, tristes
como el ritual del peregrino.

Nadie oye el chasquido helado del relámpago,
no hay testigo chorreante bajo una luz serena,
ni labios ofrecidos como plantas salvajes,
tan sólo una promesa ardiente estrechando nie-
[blas,
la soledad inmortal y muda de los guardianes.

DEL PLUMAJE EN PELIGRO Y LA ETERNAL HUIDA

Mallarmé

¿Qué nave de cristal trajo al fantasma?
Ave negra con su mensaje escrito
en los profundos ojos de los magos.
Azul espuma de astros silenciosos,
tan sólo estela, roce lunar, verjas
que en las sombras se alzan monumentales
y heridas por la luz desaparecen
en un alud de nubes y escaleras.

Hay músicas marmóreas en los patios,
abandonados patios de la tez arcana,
fríos himnos que un rumor de mar hace lejanos,
temblor tras los cristales, muslos blancos.

Y en la quietud de un solitario césped,
isla verde, quizá confín del beso,
enredaderas abrazando balaustradas,
ascendiendo en generoso fluir
por las ardientes fálicas columnas.

Visillos teñidos en sangre oscura,
grito o claridad de amor desnudo,
nevado espejo para los pájaros muertos.

EL POEMA DE AMITAI

Si *brilla el crimen en las dagas,*
Y hierve tersa mi sangre bajo tanta desnudez ne-
                                                    [vada.
Si con la voz dormida en las profundidades de mi
                                                    [boca
Llegué a la orilla anhelante de la estepa:
Un transparente escalofrío clavado en la tormenta
                                                    [es Amitai.
Luz o suspiro, rayo que cercena los inocentes cuer-
Venganza de abismos y halcones.   [pos,

Cuando los desiertos florezcan como el lirio
Y los dragones sean devorados por los pájaros,
Lívidas se alzarán las máscaras de quienes
Gozan en el fulgor de las estrellas,
Y Amitai, o un ángel extranjero, arrodillará su
                                                    [vida.

Nada puede perdonarnos.
Estoy ante la llama que no quema ni mancha,
Soy el hijo oscuro de aquellos que santificando
Tu nombre temblaron y recibieron el premio
Del látigo en la herida, el vapor o la música os-
Toda la eternidad un crimen.   [cilante,

Viejo santón de las agónicas barbas,
Marcaron su tez con los antiguos signos heredados
Y se perdieron en la fiebre de los laberintos,
Y despertaron en las alturas de sus propias muer-
                                                    [tes.

Un coche cerrado saldrá del jardín
Con los bermejos féretros enervantes,

213

Y las desangradas, ávidas clepsidras,
Que aplastan los escudos.
Amitai, Amitai, arcaico sol que calcinó mis som-
[bras,
Bríos alados, corazón que en tempestad de espuma
[tiembla.

Eres fantasma en el alba,
Espada flamígera y oro de aurora,
Fleco vacilante, como antes del advenimiento
De los leones y su estirpe espléndida.
Un tabernáculo en el que nunca durmieron las ser-
[pientes,
Ajardinados claustros donde las estatuas
Temblantes tienden sus muslos homicidas,
Dos leopardos fúlgidos grabados en el acero de
[una daga.

Y las bestias desamparadas claman
En las cordilleras desnudas,
El murmullo de las bayonetas hendidas en las es-
[paldas.
la sangre y las llamas y las alas y otra vez
El esplendor de los cadáveres.

Los ángeles tienen un gesto sombrío,
Amitai, Amitai, ya llegan los ballesteros
Y sus granadas opalinas.
Livianos bustos sostenidos por una cinta malva.

Monstruos míos, amados y ancestrales
Monstruos míos sobreviviendo en el polvo
De los delirios primeros
Nada queda ya que pueda salvarme.
Ni un entrecortado pecho respirando ante el fuego
Que venció a los míos,
Y regaló a sus cabezas una corona de brasas
Crecientes en sucesión infinita
Hasta el plateado horizonte que soñó en Safed
El rabino Aba.

LA VÍA DE ALEPO

Montale

Una sombra existió
Arcaica o pura en la piedra.

Tierra no fue
Luna blanca esfinge.

Hoy espejo de la palabra es
Tiempo muerto flor perdida.

Un camino al este de Antioquía.

LAS MIL Y UNA NOCHES

Al amanecer morirás como Altazor.

Inevitable cuchillo transmisible
Espacio húmedo para tu nombre arameo.

Estrellas que sangran sin respuesta
Conocieron el secreto violento
Y la magia innumerable del origen
Fija en la oscura batalla de tu cuerpo.

Inventaste un abismo y un pájaro
Como el dragón nacido del espejo.
El presente herido una imagen eterna
Tu himno desnudo bajo la noche.

Oh, hijo de Natán
Sobreviviente del éxtasis.

TÓTEM

(Las primeras diez palabras)

Rayo oculto como signo tatuado
Se quebró entre los hielos.

Ocaso de pájaro fue lágrima vencida
Gacela o nieve o flor o zarza fue.

Su fiebre se borró. No vuelve.

TROTSKI MEDITA EN COYOACÁN

Derramado el espíritu del vértigo
Olvidada la alta lengua de Canaán
Rota la roja vara o el inútil baluarte
El simulacro viejo del crimen no menguará.

En mi mano han puesto la airada señal
Las espinas y las zarzas de furor teñidas.

Ya todas las cuchillas están desenvainadas
Los tensos arcos de inminente muerte.

Sobre los hombros de mi herencia muda
El brillo de mi herida será llave.

THE QUESTION ANSWERED

Pregunté callando a los mendigos
Por aquel que descifra los misterios
Y renueva el instante y da la vida.
El que traza signos sobre el negro mármol
El que borra el pasado y el dolor
El que nos devuelve a la fuente.

Un ruido líquido y atroz bajó del cielo
Tan terriblemente blanco como mudo
Y fui huésped inmóvil en las ruinas
En la ciudad de la sal y el ojo azul
En las lluvias y los ocasos últimos.

Vi en los espejos de agua el rostro infame
Vi la turbia sombra de la muerte
Y aferrado a una estatua fui cadáver.
Vi mi cuerpo en la profundidad del tiempo
Y el fatigado tiempo de mi cuerpo.

No te vuelvas jamás, dijo una voz.

Estambul, 30-1-75

LA CASA DE LAS DOS HACHAS

La travesía guarda un sordo sabor
El del mar espectante y el de mi sombra
Después la clara tierra que circunda
Un palacio perdido entre las llamas
Y el arrasante colérico temblor.

Pero la piedra impávida resiste
Marca con celo el inextricable rostro
Que los dioses dictaron a los hombres
Y que una humana magia hizo verdad
Trazado con laboriosa perfección
El laberinto custodia al Último
Al que pronunció la arcana palabra
Al que descifró el disco sagrado
Al que conoce todos los secretos
Y sin embargo duerme su cerrado
Sueño, el concéntrico sueño fatal
Que lo hizo eterno.

Creta, 10-8-75

SI PRONUNCIAS PALABRA DESAFÍAS

Las sombras del sábado huelen a azahar en Re-
Tu mano acaricia lenta mi espalda   [havia
El espacio que nos acerca se transforma en luz
                                          [inmóvil
Estás mirando un cielo comparable a la revelación
Ves la armonía de los astros callada.

Recuerdo la sangre
Brotaba de una fuente antigua
Era como en Praga el estallido del espíritu
El adversario decías el enemigo no cree en su pe-
Siempre la caricia me despierta.   [queña verdad

La herida es anterior a la sangre
Ni olvido total ni memoria absoluta
Tus pies desnudos juegan sobre una sábana
Sembrada de flores y de reflejos de flores.

El tiempo temido llega
Los gatos encarnan la ambigüedad de la noche
Y se aman duplicados e invisibles
Simulando belleza para ocultar muerte.
Vencerán: se desgarran ante un espejo ardiente.

La luz bordea nuestros cuerpos encerrados
El silencio ahora el ojo del silencio ahora
O la piel tostada por el sol que se somete dócil
Al sacrificio incesante de la caricia.
Tu boca descifra mis labios.
Son eternos los ojos enfrentados.

La letra de tu nombre pido.
Sobre tus labios mi palabra alzada.

Imagen final o límite del éxtasis
Convoca el vértigo.

Y vuelves a nombrarme.
Y vuelvo a nombrarte.

Sin olvido no habrá revelación.

Dos cuerpos mitigando su sed
Descubren el verbo eterno.

Antonio Colinas

Antonio Colinas nació en La Bañeza (León) en 1946. Durante cuatro años trabajó como lector de español en las universidades italianas de Milán y Bérgamo. Es autor de diversas traducciones de autores italianos clásicos y contemporáneos y colaborador de diversos periódicos y revistas. En la actualidad reside en Ibiza.

<small>OBRAS PUBLICADAS</small>

Poemas de la tierra y de la sangre (1969), *Preludios a una noche total* (1969), *Truenos y flautas en un templo* (1971), *Sepulcro en Tarquinia*, 1.ª edición (1975), 2.ª edición (1976).

Poesía:

Poemas de la tierra y de la sangre (1969).
Preludios a una noche total, Madrid, 1969.
Truenos y flautas en un templo, San Sebastián, 1972.
Sepulcro en Tarquinia, León, 1975; 2.ª ed., Barcelona, 1976.
Astrolabio, Madrid, 1979.
Poesía: 1967-1980 (en preparación).

Ensayo:

Leopardi, Barcelona, 1973.
Aleixandre y su obra, Barcelona, 1977.
Poetas italianos contemporáneos (1978).
Orillas del Órbigo, León, 1980.

Actualmente está traduciendo a Carlo Levy.

El poema «Inovación a Hölderlin» pertenece al libro *Preludios a una noche total*. «Homenaje a Poussin», «De la consolación de la Poesía», «Truenos y flautas en un templo», son de *Truenos y flautas en un templo*. «Piedras de Bérgamo», «Giacomo Casanova...», «Encuentro con E. Pound», «No se aleja de los mesones...» y «Necrópolis» a *Sepulcro en Tarquinia*. «Isla de Circe» y «La patria de los tocadores de Siringa» se publicaron en la revista *Papeles de Son Armadans*. «Nochebuena en Ca'n Blay» es inédito.

POÉTICA

Una vez más deseo —con todos los riesgos e inutilidades que ello implica— teorizar sobre el fenómeno de la creación poética. Se me invita a ello y también, una vez más, debiera de responder de una manera gratuita y divertida o con el aburrido y, a fin de cuentas, inconvincente razonamiento del análisis. Prefiero —entre ambas soluciones— remitir al lector interesado por estas cuestiones a lo que, con más extensión, dejé escrito en dos consultas anteriores: Nueva Poesía, *de E. Martín Pardo y* Poetas españoles postcontemporáneos, *de J. Batlló.*

Por encima de las consideraciones ya expresadas yo insistiría en el carácter personalísimo, fuertemente vocacional, enraizado en la vida, de la poesía. Esto y el carácter de libertad —la creación por encima de teorías, de grupos, de las nefastas imposiciones— son cuestiones que se me ocurren destacar en estos momentos. También el hecho de que creo más en los sentidos que en la filosofía de la vida. Creo con Rimbaud que mi interés no va más allá del que siento por la tierra y por las piedras. La tierra y las piedras como expresión primera y llena de símbolos a la que dirigir nuestras preguntas.

Otras veces pienso simplemente en lo útil que fue para Virgilio la lectura del De Re Rustica, *de Terencio Varrón, y en aquellas palabras de Columela en las que se atribuía a la agricultura el poder de la poesía. La imagen del poeta en un medio cósmico sigue siendo para mí obsesiva y fundamental; aunque corrompidos el aire, la tierra y el agua sólo nos quede el fuego, y, con Ícaro, sepamos de los riesgos que implica su proximidad.*

222

INVOCACIÓN A HÖLDERLIN

El levitón gastado, el sombrero caído
hacia atrás, las guedejas de trapo y una llama
en las cuencas profundas de sus dos ojos bellos.
No sé si esta figura maltrecha, al caminar,
escapa de un castigo o busca un paraíso.
De vez en cuando palpa su pecho traspasado
y toma la honda queja para el labio sin beso.
Oh Hölderlin, a un tiempo muñeco y vara en flor,
nido pleno de trinos, muñeco maltratado.
A tu locura se abren los bosques más sombríos.
No ves cómo las fuentes se quiebran de abandono
cada vez que te acercas con tu paso cansado,
cada vez que desatas tu carcajada rota,
cada vez que sollozas tirado entre la hierba.
¡Qué claro estaba escrito tu sino bajo el cielo!
Antes de que pusieras tu mano en el papel
fríos soles de invierno cruzaban la Suabia,
dejaban por las nubes agrios trazos verdosos.
Cuando tú, silencioso y enlutado, leías
latín en una celda ya hubo duendes extraños
sembrando por tus venas no sé qué fuego noble
y antes de que acabaras hablando a las estatuas
aves negras picaban tus dos ojos azules.
Hölderlin vagabundo, Hölderlin ruiseñor
de estremecido canto sin ojos y sin rama,
ahora que cae espesa la noche del otoño
contempla a nuestro lado la enfebrecida luna,
deja fluir tu queja, tus parloteos mágicos,
deja un silbo tan sólo de tu canto en el aire.
Detén por un momento tu caminar y espanta
la muerte que en tus hombros encorvada te ace-
                                        [cha.

Rasga los polvorientos velos de tu memoria
y que discurra el sueño, y que sepamos todos
de dónde brota el agua que sacia nuestra sed.

HOMENAJE A POUSSIN

Cicatrices de luz verde en el cielo.
Nubes de cobre roído, de oro viejo.
De madrugada el bosque es una virgen
húmeda y vaporosa, destrenzada.
En el silencio de las espesuras
galopes de unos pechos como muros,
relinchos de corceles temerosos.
A la caza galopa Meleagro.
Ciñe el laurel la noble frente ebúrnea.
Todo el cuerpo de enfebrecido mármol
es azotado por las madreselvas.
Cicatrices, relámpagos del cielo.
Muerden los cascos todo el césped frío.
Suena como un tambor la tierra fértil.
Sabroso viene el aire hasta los labios.
Las puntas de las lanzas, con rocío.
Bajo los ojos muertos de Diana
pasan como una tromba los guerreros.

DE LA CONSOLACIÓN POR LA POESÍA

También Séneca se habría emocionado
de no estar hecho bronce moldeado en estatua.
Ciprés, canal sucio de oro, de sol sucio.
Aguas verdes cuajadas, algas frías,
adelfas venenosas, amargura.
Y el muro como un dios enfebrecido.
También Séneca se habría emocionado
(de no estar hecho bronce)
cuando quema el rescoldo del astro
las hojas limonadas
y hay sangrientas heces acidulando el cielo.
Un fraile tiene a Dios entre las manos.
Un fraile tiene a Dios entre las berzas
del huerto,
debajo del naranjo.
Ermita vericueta: plenitud, tapias rosas,
el cementerio breve,
el tomillo embriagante,
las lápidas sin nombre.
Desafinado órgano rasca a Bach
y fray Antonio de Guevara,
deshojado y mustio,
descansa en un cajón carcomido del coro.
También Séneca se habría emocionado
(de no estar hecho bronce)
de no tener los ojos bien roídos
por las lluvias locas de los atardeceres
profundos, tormentosos,
y por las brujerías.
Ay, ciudad maldecida, con entrañas de muerte,
con piel morena, fétida,
y un gran gusano verde en cada grieta,
donde el musgo felpudo y los laureles agrios.

Viene Dios,
o la noche,
o el último cadáver en su caja de cedro,
balsámica,
de raso enrojecido o cárdeno.
Noche:
ágata de franjas transparentes,
lebrillo,
moneda,
trenza,
ajimez.
El bosque de eucaliptus,
los senos de Eloísa,
la linterna,
la ermita donde Góngora oficiaba,
el labio de los montes...
Ay, Séneca se habría emocionado
de no estar hecho bronce,
de no haber entregado el corazón
a la Filosofía.

TRUENOS Y FLAUTAS EN UN TEMPLO

Cuando mis pasos cruzan las estancias vacías
todo el templo resuena como una oscura cítara.
Oh mármol, si pudieras hablar cuántos secretos
podrías revelarnos. ¿Hubo sangre corriendo
sobre tu nieve dura? ¿Hubo besos y rosas
o sólo heridos pájaros debajo de las cúpulas?
Vosotras, las antorchas de los amaneceres,
¿qué visteis, qué quedó en el fondo del ánfora?
¿Y el vino derramado, el vino descompuesto
sobre los labios ácidos qué podría contar,
qué podría decirnos que no fuese locura?
El amor se pudrió como un fruto golpeado.
El amor fue trenzando pesadumbres con odios.
El amor hizo estragos en la firmeza humana.
Hoy el otoño sube muy lento por las rocas,
por las enredaderas, por las raíces dulces,
por los espinos rojos, a este lugar secreto.
De las tumbas abiertas brotan las mariposas.
Las hojas entretejen rumorosos tapices.
El agua de las fuentes: verdosa y enlutada.
Casi tocando el cielo de los atardeceres
el templo de la diosa, la pureza del tiempo.
Cuando llega la noche sostiene los racimos
de las constelaciones, es columna del mundo,
dintel lleno de flautas, hondo pozo de estrellas.

PIEDRAS DE BÉRGAMO

Te contempla la piedra y no te reconoce
a ti que, piedra a piedra, te elevas a los astros.
Tienes un ángel verde que te suena la música,
tienes mínimos huertos para el pájaro antiguo,
tienes bronces y muros para cerrar la aurora
y eres mística y tierna como tus hornacinas.
Te abrazan las raíces y las parras sin hojas
ahora que el otoño te hace más ilustre.

No me han dicho los libros del encanto que en-
[cierras
y el códice miniado del XV te presenta
heladora y siniestra como un rosal de hierro.

Un *condottiero* clava en tu carne su espuela
y brincas en la noche como corcel sin brida,
pero Tasso te llena de firmeza, te ponen
un cerco de dulzura los solemnes cipreses.
Sacrificas tu brío en el ara del sueño.
Si sepulcro contienes una doncella viva,
si corazón de piedra suenas como un buen oboe.

Todo en ti es Oratorio que preludia la noche
funeral de las ramas y el musgo en San Vigilio.
¿Quién borró en tu fachada la leyenda, los fres-
[cos?
Déjame que me abrumen tus conventos inmensos,
quiero ver degollados los leones de mármol,
quiero volver los ojos y encontrarte imponente,
toda tú catedral alzada sobre el valle.

Sabes hacer buen uso del sol y de la nieve,
eres un clavo de oro, un arcón taraceado,

te abres toda a la brisa que baja de los Alpes.
A veces tengo miedo si el vino no me apaga
la sed tan violenta que dejas en la boca,
pues como cien otoños secas el paladar,
eres un halo rancio, un racimo de sombras.

Si ahora abriera los ojos es posible que viese
la hexagonal ventana y el muro de vinagre,
pirámides o establos, sepulcros o tapices.
¿Cómo nació el milagro, *capella* Colleoni?
¿Hostia, joya, reliquia? Y aquí en Borgho Canale
todo es manso y sublime: el humo de las tapias,
la alcantarilla abierta, el asilo, los cestos...

Espiaba la plaza más hermosa del mundo
detrás de las cortinas del palacio barroco,
olvidaba los libros y era mi biblioteca
la arquitectura: el alma frente a la geometría.
En el atrio miraban estatuas el abismo,
señalaban sus dedos constelaciones mínimas.
La Puerta de San Giacomo de mármol blanco y
                                          [rosa
se abría a los castaños y a los altos jardines.

Pitagórica etruria, quiero saber de ti
todo sobre la línea y cómo las pasiones
no han criado gusanos en tus labios de piedra.

GIACOMO CASANOVA
ACEPTA EL CARGO DE BIBLIOTECARIO
QUE LE OFRECE, EN BOHEMIA,
EL CONDE DE WALDSTEIN

Escuchadme, Señor, tengo los miembros tristes.
Con la Revolución Francesa van muriendo
mis escasos amigos. Miradme, he recorrido
los países del mundo, las cárceles del mundo,
los lechos, los jardines, los mares, los conventos,
y he visto que no aceptan mi buena voluntad.
Fui abad entre los muros de Roma y era hermoso
ser soldado en las noches ardientes de Corfú.
A veces he sonado un poco el violín
y vos sabéis, Señor, cómo trema Venecia
con la música y arden las islas y las cúpulas.
Escuchadme, Señor, de Madrid a Moscú
he viajado en vano, me persiguen los lobos
del Santo Oficio, llevo un huracán de lenguas
detrás de mí, de lenguas venenosas.
Y yo sólo deseo salvar mi claridad,
sonreír a la luz de cada nuevo día,
mostrar mi firme horror a todo lo que muere.
Señor, aquí me quedo en vuestra biblioteca,
traduzco a Homero, escribo de mis días de en-
[tonces,
sueño con los serrallos azules de Estambul.

ENCUENTRO CON EZRA POUND

debes ir una tarde de domingo,
cuando Venecia muere un poco menos,
a pesar de los niños solitarios,
del rosado enfermizo de los muros,
de los jardines ácidos de sombras,
debes ir a buscarle aunque no te hable
(olvidarás que el mar hunde a tu espalda
las islas, las iglesias, los palacios,
las cúpulas más bellas de la tierra,
que no te encante el mar ni sus sirenas)
recuerda: *Fondamenta Cabalá*,
hay por allí un vidriero de Murano
y un bar con una música muy dulce,
pregunta en la pensión llamada Cici
donde habita aquel hombre que ha llegado
sólo para ver gentes a Venecia,
aquel americano un poco loco,
erguido y con la barba muy nevada,
pasa el puente de piedra, verás charcos
llenos de gatos negros y gaviotas,
allí, junto al canal de aguas muy verdes
lleno de azahar y frutos corrompidos,
oirás los violines de Vivaldi,
detente y calla mucho mientras miras:
Ramo Corte Querina, ése es el nombre,
en esa callejuela con macetas,
sin más salida que la de la muerte,
vive Ezra Pound.

NO SE ALOJA EN LOS MESONES
SINO BAJO EL CIELO ESTRELLADO

> ¡Cuánto estuvimos en el puente que tiembla! ¡Ay qué tiempos, Dios!
>
> CANCIONERO DE PEREGRINOS

cabalgaban bajo la Vía Láctea,
pues sólo de fiar son las estrellas
en los siglos oscuros

cabalgaban y aquí, junto a estos sotos,
bendecían los trinos y las fuentes,
el ocio se tornaba en oración
porque lo impenetrable comenzaba
tras los primeros montes

penumbroso era el bosque de carvallos
y hediondas vaharadas
de un mar desconocido e inhumano,
de helechos machacados,
de pellejos de buey, de establo, de horca,
desembocaban de cada sendero

noble Señor de Alsacia o Lombardía,
¡qué acerbo era entonces el recuerdo,
qué lejanos los ojos de la joven esposa
viendo a las meretrices en los pórticos
con los cabellos cargados de bayas!
el milagro brotaba del cayado,
de las tocas de encaje de los búlgaros,

de las campanas y se convertía
en sangre el agua de los monasterios,

el milagro espantaba al cazador,
envenenaba al ciego la salmodia,
enervaba a los potros en los vados

cuanto con ansia se soñó algún día
mirando el vino de los jarros rotos,
mordisqueando el mendrugo de centeno,
ahora era un misterio inextricable

Caballeros de Dios se amedrentaban
al ver las torres y elevarse el mar
sobre la línea de los horizontes,
pálidos como el alba
unos enloquecían mientras otros
con horror y con dudas presentían
la luz o la negrura del sepulcro

NECRÓPOLIS

Aquí el centinela vigila la necrópolis,
aquí puertas de piedra sólo abiertas al alba,
aquí la sala para los esclavos que esperan
con la sal y la leña para los sacrificios,
aquí el olor de aceite y de flores bravías,
aquí la fresca gruta en estío y el cálido
refugio para lobos y liebres en inviernos,
aquí donde la noche de puro impenetrable
sólo es rota por lámparas muy tristes y tambores,
aquí la terracota que no ha visto la nieve,
aquí el cuenco, la piedra para majar la grasa,
aquí ánforas de trigo negras por el gorgojo
y el último de agosto con cáscaras doradas,
aquí las huellas tiernas en el húmedo barro,
aquí el primer cadáver irreverente, enorme,
el romano aguerrido de las tropas de Augusto
y el bastón y la huesa del bárbaro celoso,
aquí los idolillos de piedra sin cabeza,
aquí donde no entró un labio de mujer,
aquí el grito, los rezos al dios de la negrura,
aquí el ara y la sangre no sabemos si humana,
aquí la tosca cátedra de los astros hambrientos,
aquí la sala grande y las mil hornacinas,
los cantos arrojados por las manos sin nombre,
la honda desolación de las vasijas rotas,
la tremenda hecatombe de las santas cenizas

ISLA DE CIRCE

Isla mía, en ti muere la luz y sobre ti,
como una perla negra, veo la noche.
Isla mía, el viento en tus terrazas
sabe a helechos y a sal en esta primavera
y en los olivos se repiten
secos disparos
que no ahuyentan la paz de nuestras ruinas,
el abrazo en las yerbas,
la mirada de piedra, sobre el mar, de la estatua.
Desde el barco veías todo el monte Solaro
sin sospechar la noche
fragante y funeral que te esperaba:
faroles entre acacias, los pinares cargados
de luna nueva, de mordida plata;
la luna o la moneda melodiosa
bruñendo —¡tan antigua!—
el más hermoso de los mares griegos.
Pero abre con la azada el cuerpo fértil
de esta tierra, su saludable aroma
de grutas y raíces,
mientras se extinguen las hogueras de hojas
y un humo violento, un vino violento
nos escuece en los ojos,
ennegrece las parras, las veletas.
¿Por qué sentía el griego espanto en estas noches?
Geranios y cicutas bajan hasta la playa
con la roca volcánica.
Negras ovejas sienten
en la sangre la noche y las campanas.
Quedar en estos patios de labriegos,
de artesanos, cocheros y marinos,
con pozos, con mosaicos destrozados,
con los perros que ladran a los perros,

y los cerdos que hozan bajo las enramadas,
y la higuera que ahuyenta la muerte de los labios.
Ver pasar desde lejos, hacia Oriente,
—¡colonias de Crotona y Siracusa!—
sobre el cerro sagrado,
bajo los opulentos
cipreses de Materita,
los barcos coronados de fuego.

LA PATRIA DE LOS TOCADORES DE SIRINGA

primavera

salud, salud al viento que enciende la pupila
y ensancha el noble pecho de quien suena la flau-
no perdáis la Belleza cantándola, vosotros   [ta,
que de ella os rodeáis en los prados de Arcadia,
que sea el oloroso viento el que traiga el rancio
aroma de la tierra desgarrada de arados,
quien desde el peñascal escabroso sacuda
las flores e ilumine los hombros de las jóvenes

estío

brutal, violento estío, arrojado me tienes
sobre los pedregales del cauce que otras tardes
llevara la frescura, abrumado me encuentro
con tanta luna roja y quemadas están
por tu luz mis pupilas, y mis nervios quemados,
ansiedad meridiana y acaso merecida
de quien es propia víctima de una pasión inmensa,
y arde, y al arder se desespera, y pena
sin el fragor del bosque y sin amigos, oh
sin amigos ni amores, bajo este cielo espléndido
sobre el que están girando mi soledad, las águilas

otoño

ves que el heno reseco se pudre en los graneros
y entre las tablas sale su aroma penetrante,
ves ya el roble con todas sus hojas oxidadas
y el sendero que cruza el huerto de manzanos

con los frutos caídos y la humedad primera,
son los valles fundados por la divinidad
en donde los rebaños pastan la negra hierba
bajo cielos de bronce sembrados de relámpagos.
Oh buen otoño ardido, coronado de vid,
corrompido de mostos y de rosas nocturnas,
aplaca la violencia, la sed del corazón
que va por las colinas, sosiégale los muslos
al pastor, que ha estrellado su bastón contra el
                                              [atrio
y corre, corre siempre entre el bronco tomillo,
monte arriba, arrasado de lágrimas y sucio
de flores machacadas, de estiércol tenebroso
(estallarán las venas que no han querido verse
por el amor negadas)

invierno

pues si viene la música con las nieves, se alcen
del fuego tus dos ojos y la mirada vuele
a través del ventano, más allá de los mimbres
y del helado río sobre el que pasan aves hacia el
sur, con escarcha en los picos rosados,
nadie debe negar este coro que vibra
bajo la tierra y crece con mil labios que soplan
sobre otras tantas flautas, niega todo a tu vida
menos la postrimera mirada al campo lleno
de silenciosa luna y hogueras azuladas,
¡es tan largo y tan dulce el tiempo que te toca,
el don del novilunio en el lomo del potro!
ve y quita los espinos a tu manto, celebra
que este invierno tampoco hay en Arcadia guerra,
sé piadoso, es el tiempo en el que se fecunda
otro año, más vida, allá en el vasto Olimpo.

NOCHEBUENA EN CA'N BLAY

La posición de Orión allá en el cielo
y la luna enverdecida por la humedad de las yer-
[bas
nos hablan de los días más mortales.
Acumulad la leña bien reseca,
alzad, alzad en vuestro valle las hogueras
y que toda la noche, y que todas las noches
de este año que muere
las abrase una enorme lengua roja.
Dichosos sois, ya que le dais la espalda
a la nueva barbarie y apuráis
el año en armonía con la tierra.

Sabed que, entre vosotros, esta noche cuajada
de fríos y de ásperos aromas,
es tan grande mi júbilo
como mi desolación.
Yo vengo de otro tiempo, de un espacio
sometido al ritmo brutal de las estaciones,
a la crueldad de un hado que siega los años
como las hojas amarillas del álamo frágil,
que no conocéis.

Sacáis la cena y aviváis el fuego.
Como un dulce suicidio
me ha tocado compartir las sombras iluminadas,
contemplar vuestra perfección
desde mi derrota.

Tenéis que perdonar mi ingenuidad
al deciros que se nos va otro año,
que dentro de muy poco un viento amargo
sacudirá en las ramas los caracoles secos,

los hongos cenicientos de los frutos podridos,
y de la tierra subirá la luz por las raíces
para llenar de yemas las cortezas heridas,
para enturbiar las venas con un fuego furioso.

Mas ahora que el silencio nos penetra en los hue-
como rocío o música,   [sos
¡qué fría expectación en el espacio hueco,
entre el mar y los montes, entre el cielo y los
entre el cielo y el mar!   [montes,
¡Con qué serenidad asciende la columna de humo
hacia las últimas estrellas!
¡Cómo se escapa de las manos el tiempo!
¡Cómo se precipita hacia la muerte!

Por todo ello,
no seré yo quien tenga la fortuna
de burlarme de las horas contadas,
de extraviarme en el corazón de la noche
entre vuestros opulentos árboles negros
abrumados por el peso de los astros
y enraizados en un pasado abismal.
No seré yo el que acierte a escrutar la salvación,
la luz de un nuevo tiempo,
en la sangre de las aves sacrificadas.

240

Vicente Molina Foix

Nace en Elche (Alicante) en 1946. Licenciado en Filosofía por la Universidad de Madrid. Master of Arts en Historia del Arte por la Universidad de Londres. Desde 1971 reside en Inglaterra, y en la actualidad es profesor de Lengua y Literatura Española en la Universidad de Oxford.

OBRAS PUBLICADAS

Nueve novísimos poetas españoles (antología de José María Castellet). Barcelona, 1970.

Museo provincial de los horrores, novela, Barcelona, 1970.

Busto (Premio Barral de novela, 1973), Barcelona, 1973.

Guía de Londres, Madrid, 1974.

Tres cuentos didácticos (en colaboración con Félix de Azúa y Javier Marías), Barcelona, 1976.

New Cinema in Spain, ensayo, British Film Institute, Londres, 1977.

La comunión de los atletas, novela, Madrid, 1979.

Traductor de Radiguet, Nerval, y Robert Bresson.

Los poemas «Aporía: La pólvora» y «Aporía del reloj» fueron publicados en 1976 en la revista *La ilustración poética española e iberoamericana*. Una versión algo distinta de «Descartes» se publicó en la antología *Nueve novísimos*. Los restantes poemas son inéditos y todos forman del libro inédito e inacabado *Los espías del realista*.

POÉTICA

Nada más insulso que el melodrama del joven artista
en trance de evolución: un proceso que sólo a él con-
cierne. Todo intento de afirmación a través de declaraciones de intencionalidad —un movimiento, al fin y al
cabo, institucionalizador— es cuando menos sospechoso,
y huele mal. Yo he sucumbido a dos poéticas en toda
mi vida. La primera para la antología de José María
Castellet, Nueve novísimos, era prolija y —gracias a
Dios— pedante, autobiográfica y —siguiendo un acuerdo
nunca formulado sino tácito con mis compañeros más
jóvenes de antología— estaba llena de arrebatos de ico-
noclastia y caóticas enumeraciones artísticas. Las mías,
unidas a las de aquellos colegas, lograron su objetivo:
irritar a los órganos de expresión, a la jerarquía capitu-
lar, al poblado mundo de los proxenetas de la cultura:
los críticos.

O sea, que el intento, pese a ser ingenuo, había salido
bien. Era mentira, pues, al menos en nuestro país, la
frase del antiguo maestro, «Personne ne se scandalise
plus».

La segunda poética la escribí en junio de 1974 y destinada a una segunda edición corregida y aumentada de
los Nueve novísimos que nunca, ignoro aún las razones,
llegó a publicarse. La escribí, como ésta de ahora, en
Inglaterra, pero quizá en un periodo de los que se llaman
en los libros de texto «de reflexión». Por eso, la Segunda
Poética de mi vida consistía en una puesta al día de la
primera, renegando de las obvias intemperancias de
aquélla, eliminando algunos nombres que para entonces
ya ofendían a mis principios, y rebajando, en suma, el
tono de afrenta, ya innecesario cuatro años después de
que los novísimos hubiesen sembrado el pánico a diestra
y siniestra.

Al escribir ahora la Tercera mi estado de ánimo, sin
estar próximo al de aquel primer entonces, bordea sin
embargo el descrédito, y revelará, supongo, despego y
desinterés completos por aquello que mis palabras teó-
ricas pudiesen, le cas échéant, decir al público interesado. Sin llegar a evocar las palabras de Luis Cernuda en
su respuesta a la Antología Consultada de Gerardo Diego (1932): «No sé nada, no quiero nada, no espero nada»,
que sería acentuar en mi caso unas ansias negativas

que no siento, si puedo decir que pretender reclamar un protocolo estético por medio de unos buenos propósitos es inútil, si no traidor. La obra habla, si es que acaso deba hacerlo, que posiblemente no. Esto, pues, no es una poética.

ANTE LA TUMBA DE UN ESCRITOR
DESCONOCIDO

Hubo también un escritor antaño,
aquel desconocido
a quien llamamos El Miserable
para diferenciarlo
de sus hermanos
que enriquecían con galones
el panteón de las palabras.

Se acercaba a nosotros
                    —a la sazón aún jóvenes—
con el sesgo de quien
sabe perder
y animado de gestos licenciosos.

Yo pude ver un día lo que nadie creyó:
              (y por eso lo cuento a la posteridad)
bajo el gabán abierto bruscamente
resplandece su cuerpo
                    untado de carmín.

Difícil fue encontrar
                    un nombre a sus discípulos;
se desechó el de Traidores, en exceso sincero,
y otros como el de Albatros,
Ristra y Traza
no fueron permitidos.

Murió el Maestro bajo la cama
de un hotel arruinado,
y no se nos legó
                    ni el gabán

ni su armilla, hoy patrimonio de la gobernación.

Daba pereza (¡y qué de polvo!) andar buscando
por las habitaciones
los restos de su sombra.

CANCIÓN DE OTOÑO 1975

En el devoto balneario
los ecos del cañón.

El héroe dispone
de un cuchillo a afilar
que no le falte el cuero,
azufre,
ni barras de carmín.

Hay un himno en las calles.
Se desploman los mástiles
de no abanderar.

APORÍA DEL RELOJ

Se solía salir de madrugada
siempre para ir a dar de bruces al cartel
que iluminaban dos faroles
en nuestro honor cubiertos de lamé.

La Vaquera del Reloj.

Y su reloj, comido por
el ácido ojo de otros antes que yo,
    despida aún la hora con luces de metal.

Entre el rabo, en las fauces, y encima
del murmullo
de las voces que pujan,
el rostro del corsario
bailaba en el latón.

APORÍA: LA PÓLVORA

Loor a pólvora quemada
Hábito ennegrecido
Caracortada.

(Uso del material para fines pacíficos.)

* * *

La Pólvora. Satán.
San Dámaso defienda la muralla.
La pólvora asciende los baluartes
como el mercurio por el rabo.

(Puede a veces un compuesto
de pólvora curar la escarlatina.)

* * *

Polvo de pólvora. Tan sólo
lo que queda rascando la culata.
Espritu del vino y escapulario
para desafiar sin arma en las batallas.

(La señal de la cruz y pecho descubierto hacen
[milagros.)

* * *

Raspar los mapas en el aula
y sentarse a leer las imposturas
de ríos, montes y cañadas.
Esperar la entrada del maestro.

(Nos enseña la pólvora a usar de nuestras manos, y es por tanto muy útil a la revolución.)

APORÍA

La lección debe ser aprendida —dijo el jefe.
Por tanto (aunque no sólo
                         para saciar el ímpetu homicida)
iniciaremos la campaña
                  tan pronto
                          como pueda
                                    el sol
brillar encima de nosotros.

A los hombres de acción no se les trata con gesto
                                         [compungido.
Somos hombres de acción, y llevamos brasas he-
                          [ladas dentro del corazón.

Salvado este incidente, prosigue la batalla.
Al ruido de los cascos se alza un túmulo de san-
                                         [gre.
(Otra posible forma de resumen: agua, cenizas,
cabeza rota, tizne, mordiscos en la espalda.)

Dejamos las carteras en el suelo,
¡cuidado con las reglas!, el compás desafina.
Uno a uno, no seáis señoritas
                 (Esqueletos: os devuelvo el insulto.)
No podré, no podré, la saliva me llega a la gar-
¿Es saliva o es sangre?   [ganta.
Si los tirantes fuesen arcos (si
                          arquease mi espalda),
si mi mano encontrase
                  tizón con que cegar al enemigo.

Lo que encontré en su pecho fue
el craso hollín que la muerte dispersa.

ESCÁNDALO EN LAS AULAS

Yo soy el sueño semanal
que agita la mente del maestro.

Me presento, en las horas a veces
que los niños descuidan
                    recordar la lección,
con espuma en la boca,
comido de deseos
de unirme
            al cuerpo estudiantil.

Una a una se apagan las luces de neón.
En los bancos vacíos
la navaja ha surcado por cada día más.
Mis muescas en el yeso
                    contaban al revés.
Los nudos aún dibujan la silueta sin piel.

Oscurece.
Al toque del silbato
mi nombre se disuelve —de la tiza
al orín.
El colegio se cierra, se extienden
por la calle las piezas de marfil.

Una pizarra cuenta la estela del ruin.

POEMA DE AMOR

En el espejo sin azogue
la imagen de mi rostro aparece
        y se esconde
el perfil de los pasos
al final de la calle
el eco dibujado, el deseo,
        el deseo
tu deseo de querer olvidarme
(al final de una calle sin puertas)
como cuando, rehecha su misión, el asesino se
                                    [desarma
        y entra en casa
yo podría, en efecto, fingirme enamorado
        (pues nadie nos delata)
pero la decadencia de una ola que creció
        demasiado
y su desilusión, esparcida en la arena
        con las gotas del agua
no ya el asesinato, no el deseo, nunca las alaban-
                                    [zas
        (que recorren la calle de los sueños)
perseguido porque tan pronto supe hallar la clave
        de tu enigma
convocado de nuevo porque nada entre tú y yo
        ha pasado
y (porque tú cancelas la puerta que conduce hasta
        el sueño) de nuevo sometido,
ajeno, siempre presto a iniciarme en los extraños
        ritos de tu cuerpo.

DESCARTES

En un principio se creyó ver en él al desprovisto de
    mensajes,
al venido de lejos,
a sólo un miembro de secciones ocultas
que todo lo encierran en el estrecho cauce de los
                                    [libros
    —ignoraban, por tanto, lo fiel de su manejo
    con problemas de audiencia más extensa—.

Tuvieron que llegar edades más adultas
que le reconocieran
    —algunos han pensado que se hallaban
    ante un nuevo profeta de lo inútil—.

Los grabados de época nos muestran un Descartes
siempre sentado junto al fuego,
con el hábito negro,
más preocupado en la textura o esencia del escrito
que propiamente haciéndolo.

WILLIAM BLAKE

Sí, es cierto,
todos ahora debemos escuchar
las palabras de Blake,
las que Nerval retuvo

  cerca del corazón

—y eran, con todo,

  los suyos
  otros tiempos,
más sujetos a la implacable lógica del hierro,
visitados por un viento desnudo
  que helaba la voz en las gargantas.

En el jardín oscuro pintado de alfabetos
donde Blake y Catherine se bañaban desnudos,
las almas de los muertos, aprisionadas por la re-
  [*ligión,*
escapan de sus ardientes grilletes y, en cuclillas
  [*bajo la arcada,*
sienten en sus pálidos miembros el renacer de los
  [*ardores juveniles*
y los deseos de otros tiempos, como una vid cuan-
  [*do despunta la uva tierna.*

La afición que el poeta siempre favoreció
fue errar por cementerios

  en noches que la luna

no suele aparecer,
y cuando ya el sudario del odiado fantasma
que fue su protector

  había desgarrado
los últimos jirones

entre todas las tumbas,
proclamar en voz alta
                    una audaz letanía.

(Los amaneceres podían a veces sorprenderle
en el lamento más feroz.)

PROYECTO

Escribir un poema acerca del Historiador y el Poeta y sus posibles relaciones.

La primera pregunta ya surge de inmediato: ¿llegan alguna vez acaso a armonizar sus instru-
mentos?

Uno que, por supuesto, conociera —o viviese— el
emblema poético, sin miedo a la revancha.
(Historiador que sale del museo, el ropero que
conteste por él.)
                    [*Esto ampliarlo mucho*]

Y para los Artistas podemos ofrecer (aquí utilizar,
si es posible, las propias experiencias) un desencanto de principio hacia las formas que el
tiempo ha reconocido, una buena dicción y cierto aprecio por agrupar sus versos en sistemas y
sus ideas en el cuadro de una ambición eterna.

Sin nada erótico, al menos en esta ocasión.
(Una Intriga Extranjera creo que ayudaría mucho.)

Pero el final yo lo presiento triste: calle de dos
puertas, cartera rota, hojas al viento, desde el
coche que vuela en la autopista el gesto de la
mano que apenas se entrevea.

UN PROYECTO DE MÁSCARAS

Máscara Hindú
Una diosa solar cabalga
sobre el león del mundo
el Danzarín del Cosmos nunca se queda quieto
alegremente salta, pero al final conoce todas las
[geografías.

La Máscara Emblemática
Nuestra historia es
la historia de una llama en el viento
soplada por un ángel que se esconde en las nubes.
Máscara incandescente, que la Muerte
sofoca con la alcuza del tiempo.

La Máscara del Brujo
Hay que ver los dos lados,
                           el lleno y el vacío,
en la cara del brujo.
El lado *desde fuera* embalsama a la tribu
y es de tierra cocida.
El lado *hacia adentro* tiene los rasgos crudos
y el curandero saca el acíbar al ojo.

Le Roman de Renard o La Máscara del Zorro
              El zorro se sonríe
cada vez que capturan
                        por su malicia
al ganso.
Al zorro peregrino, mitrado
                             mas sin pico
las uvas en el árbol le parecen
mentira.

Máscaras de Fontainebleau
Celoso de atributos
el Monarca se viste con ropas de Minerva.
Con la boca tapada las Parcas
disimulan el acoso del ángel
Y los hombres desnudos
por razones de estado aceptan el disfraz
de un árbol geométrico

Jenaro Talens

Nació en Tarifa (Cádiz), en 1946. Cursó estudios de Ciencias Económicas y Arquitectura en la Universidad de Madrid y se doctoró en Filología Románica por la de Granada. Desde 1968 es profesor del Departamento de Literatura Española en la Facultad de Filosofía y Letras de la Universidad de Valencia.

OBRAS PUBLICADAS

Poesía:

> *Víspera de la destrucción*, Valencia, 1970.
> *Una perenne aurora*, Málaga, 1970.
> *Ritual para un artificio*, Valencia, 1971
> *El vuelo excede el ala*, Las Palmas de Gran Canaria, 1973.
> *El cuerpo fragmentario*, Valencia, 1977.
> *Reincidencias*, Valencia, 1979.
> *Otra escena / Profanacion(es)*, Madrid, 1980.

Ensayo:

> *El espacio y las máscaras*. Introducción a la «lectura» de Cernuda, Barcelona, 1975.
> *Novela picaresca y práctica de la transgresión*, Madrid, 1975.
> *El texto plural*. Espronceda y el fragmentarismo romántico, Valencia, 1975.
> *La escritura como teatralidad*, Valencia, 1977.
> *Elementos para una semiótica del texto artístico*, Madrid, 1978.
> *Escriptura i ideologia*. Trebat artístic i pràctica política, Valencia, 1979.
> *Beckett y su obra*, Barcelona, 1979.

Traducciones:

Samuel Beckett, *Poemas*, Barcelona, 1970.
— *Film*, Barcelona, 1975.
— *Detritus*, Barcelona, 1978.
— *Pavesas*, Barcelona, 1978.
F. Hölderlin, *Poemas*, Valencia, 1971.
J. W. Goethe, *Poemas del diván de Oriente y Occidente*, Málaga, 1972.
Poesía expresionista alemana. Trakl, Stadler, Heym, Valencia, 1972.
Hermann Hesse, *Escrito en la arena*, Madrid, 1977.
Wallace Stevens, *Mañana de domingo*, Valencia, 1978.

La Poética aquí publicada está reproducida del libro *El vuelo excede el ala* y es únicamente un fragmento.

Los poemas están ya editados en los siguientes libros: «En el jardín», en *Vísperas de la destrucción*. «Mundo al amanecer» y «La del alba sería», en *Una perenne aurora*. «Paraíso clausurado», «Faro sacratif» y «Ceremonias», en *Ritual para un artificio*. «Aqualung», «Anti-Platon» e «Imitación de Tu-Fu» de *El vuelo excede el ala*. El resto de los poemas de *El cuerpo fragmentario*.

POÉTICA

EL ESPACIO DEL POEMA
(fragmento)

> Je ne crois pas au sublime ni à la poésie
> mais à la nécessité.
>
> A. ARTAUD

> El yo no importa nada.
>
> G. BATAILLE

I

REFLEJO
(SIN ESPEJO)

↓

PROCESO
(SIN SUJETO)

Only whose vision can create the
whole he's free into the beauty of
the truth

CUMMINGS

Supongamos un hombre frente a un
cuadro. La tela representa (¿es?) un
día cualquiera en una ciudad cualquiera. En el centro, sobre un im-
provisado escenario, cuatro cómicos
deambulan, pretenden iniciar lo que
sería un paso de baile. Veinte, treinta campesinos (la casucha que hay
en primer plano no permite apreciar-
lo con exactitud) contemplan fijamente la escena. Tras la cortinilla roja del fondo alguien lee el texto que
los actores presumiblemente deben
estar recitando en ese instante, mientras otra figura parece querer eva-
dirse de un lugar donde la mentira
se hace espectáculo, la máscara, imagen de la verdad. O tal vez entra en

relatar un pro-
ceso: recons-
truir sobre la
base de una
materia que se
a u t o destruye
e n considera-
ción a su pre-
tendida p r o -
puesta de po-

259

él. El cuadro sólo deja ver su mano izquierda aferrada a los barrotes de una escalerilla y un rostro sin expresión (ni siquiera el esfuerzo físico deja ahí su huella). ¿Sale o entra? El pintor no lo dice. Probablemente nunca lo supo con certeza; de ahí la inexpresividad del rostro. En la casucha se celebra un banquete. El vino debe haber corrido en abundancia. Un hombre (chaquetilla verde, pantalón rojo) está tirado en el suelo, sobre la parte inferior derecha del cuadro. El resto de los comensales hace tiempo que olvidó las convenciones de una tranquila reunión social. En posición casi simétrica, en la esquina izquierda inferior (separado por un cuarteto de cocineros), otro grupo reproduce situación idéntica, pero al aire libre, sin las trabas del espacio cerrado de la habitación. Un grupo juega a dados. Tras ellos, varias figuras, caídas, luchan. Un brazo en alto y descamisado amenaza con golpear. Todos ellos compensan, respecto al eje central del tabanque, la otra lucha de la margen derecha: la que presiente el juego amoroso de las parejas (tocas blancas, vientres abultados por las arrugas y la vejez) enaltecidas por el banquete.

La parte superior del cuadro (el fondo de la escena, dicen las leyes de la perspectiva) está integrada por numerosos grupos dispersos, cuyo exiguo tamaño (también impuesto por la perspectiva) no impide la función simbólica de su comportamiento en la ficticia realidad de la pintura. Antes bien, la hace patente, y, más, la multiplica. Pues algo les hace diferentes a sus compañeros de la mitad inferior. La inexpresividad ha dado paso a una ausencia de rostro. Son sólo cuerpos, miembros que un trazo asume sin especificar, gestos

der: he ahí el aspecto externo de estos datos, lo que podríamos denominar su superficie (opaca, s e g ú n se explica) en su doble vertiente:

más tarde reflexión: d e scripción reflejada previo sometimiento al orden de un riel insobornable: benn dijo la sintaxis:

sobre la mesa el libro: relatar su proceso: manos: en el origen manos:

cuyo movimiento borra toda señal de identidad. Cuerpos anónimos dando curso efectivo a lo que, sin duda, constituye la vida a su alrededor. Una vida separada, definitivamente ya, de los concretos individuos que a diario aparentan (del otro lado de la tela) ser su centro emisor. Tras su inidentidad sólo las superficies significan: curas, caballos, campesinos. Un pecador que, misteriosamente arrepentido (¿de qué pecado, pues?), simula la comedia de su confesión. (El rojo de su traje —el rojo que redistribuye, en parcelas simétricas, las distintas porciones de significante—, obvia la oscuridad del sacerdote) La imagen de una virgen sobre unas andas que se tambalean. Un lúdico cortejo. Ellos (autores-actores) son alguien. El hombre frente al cuadro (espectador-lector) también lo es. Pero unos para otros no representan más de lo que representaría para una mota de polvo otra mota de polvo en el inmenso desierto, lo que una ola para un resto de espuma en alta mar. Todos ellos son frases, tienen forma de frase. Frases que nadie enuncia, nadie o ese producto de la convención, sin existencia previa, que llamamos sujeto: lo que uno (autor-actor) puede representar para quien mira (espectador-lector).

Cuando la aventura concluye (la aventura de esta supuesta narración) nada ha cambiado de los elementos que en un principio la iniciaron. La imagen aparente: el hombre frente al cuadro, mismos ojos, mismo gesto cansado, idéntico desaliño en el vestir. Quizá una brizna de desasosiego en el rictus de los labios. Nada. Algo, no obstante, es nuevo. Cumplen nuevo *sentido*. Ambos existen porque el otro existe. El cuadro *significa* (es su manera de existir) porque el hombre que contempla el com-

i n t erjecciones en el día/punzón de la palabra roedoras / de su mansión de alada geometría: ya no mano: su idea: utopía - p u n - zón, pero no alado: escritura-trabajo: este lápiz q u e avanza —q u e imita e n s u torpeza el teclear anónimo de una máquina que a sí misma se impulsa (máquina que o t r a anónima mano i n t e rminable c o n s t r uyó): evitar el arranque d e u n a premisa inválida —n e g a - ción del placer: no nega- c i ó n, placer plejo de línea y masas de colores ha puesto en marcha el mecanismo que los articula. El hombre (no el cuerpo neutro e indiferenciado: éste —lo hemos podido comprobar— no cambia. Es sólo la escena donde los impulsos que hacen de un cuerpo un hombre se manifiestan, luchan), porque al accionar ese mecanismo se ha introducido, como parte *activa*, en un proceso de transformación cuyo final (momentáneo final, pues que etapa sólo de un proceso nunca interrumpido) es él mismo como producto y como resultado. Transformación que es muerte y es renacimiento (escribo bien: renacimiento, que no resurrección; no el fénix que en la pira muere y nace). Muerte del estatismo y la insignificancia de unos signos sobre una superficie sin más dimensiones que su propio trazado para dar paso al dinamismo de la significación. Muerte del 'yo' pasado (de la *escena* pasada) para nacer de nuevo entre la espuma del conocimiento. No hijo, pues, del 'divino pensamiento', sino resultado de un proceso de producción. Muertes ambas cuyo nivel simbólico, bordeando los márgenes de unos contrarios irreconciliables (su lucha engendra LA significación), elabora un lugar, un organismo (el *cuerpo* nietzscheano), una tercera realidad creada por impulsos en combate como *lugar* donde existir y como *forma* de que revestirse. Este lugar (simbólico) intermedio es el espacio del poema.

como objetivo:
permitir (preparar) el acceso de los que nunca a c c e-den:
vuelta al comienzo: el lápiz en la mesa: el papel en la mesa: la habitación: la mesa: la habitación cerrada desde f u e r a traslúcida: largas hileras libros:

allí la muerte habita t r a n s-f o r m a d a en materia que en e l p r i n cipio fue: creadora del verbo:

EN EL JARDÍN

Uns wozu Dichter in dürftiger Zeit.

HÖLDERLIN

Para quién tus palabras
brotan, en esta exangüe
noche, si el hueso ignora
todo, la sombra, el bulto
del estertor, si el labio
es corteza y resbala
sin ahondar, sin ser
más que forma de tacto,
no raíz. Si supieras
en qué desiertos húmedos
tu voz calcina soles desatados.

Mira el jardín: la yedra
sobre el plátano asciende,
con su verde amenaza
de destrucción, fingiendo
no conocer la humilde
torpeza de sus ramas.
Cuánto dolor inútil
duerme en la piedra, y cruza
por el aire tranquilo
que te envolvió y absorbe. Si supieras.

Tú, poeta, que has visto
bajo los tristes sauces
de poniente, el sollozo
de los acantilados,
el tímido galope
de las cornejas, entre

miniados azafates
de oscuridad, di ahora
cuánta vana belleza
consumieron tus ojos
única, irrepetible.
Di qué sombras, qué otoños
fosforescentes fueron
tu luz, antes que el frío
de una tiniebla súbita
descubra tu verdad enmohecida.

MUNDO AL AMANECER

Rayo, pues, de su luz vital anime.

VILLAMEDIANA

Porque una tarde supe
que un luminoso sol corona el horizonte
hoy contemplo la vida
que bulle en torno a mí. Ya no hay tristeza
compartida, ni turbio hedor, ni el humo de las
[vísperas.
(Cuánto misterio, sin embargo, aún, detrás de la
[neblina).
La destrucción persiste, pero en vano.
Visible, el mundo es reino, y amanece,
aunque el hombre transcurra
como un embriagador y cálido presagio
de tempestad. Es libre.

Morir. Vivir. En los austeros sótanos
de cada cuerpo hermoso sé que un aire
calcinado reposa, como tras largo sueño
el corazón que escapa a su latido.
Pero escucho decir amor, y acepto que la muerte
desaparezca al fin, como volutas
blancas que un cielo trenza
y luego un soplo desvanece.

En esta oscuridad de los espejos
nadie se ve. Mirad, un viento humano
recoge mis palabras
y en el murmullo anónimo las deja
caer. Es un silencio pronunciado
por multitud de bocas repitiendo
la voz, en quien la historia
sucesiva del hombre se consuma.

LA DEL ALBA SERÍA

La grímpola en el mástil y el cincel diminuto,
el estilete, el fuste y la magnolia:
todo materia de dolor.
                           (¡Abridme
las puertas de la noche!)

Pero dónde el cendal,
dónde la encubridora
sierpe, el misterio dónde
está que por el aire
sola tu ausencia en sombra
como olvido transcurre.

Nada pasa, amor mío.
En la ciudad desierta, el humo del alcohol
como la lluvia es breve; es un cuchillo
helado o una forma
que pesa; pero acaba,
(todo acaba, amor mío) como la lluvia, sobre tu
                                        [soledad.

Mira el voluble y cálido sopor de los escaparates,
el triste parpadeo sin destino de las luces eléctri-
No recorras las calles   [cas.
ahora que en las paredes, ciegas de tanta cal, unos
                                    [labios resbalan
y en al aire agoniza el último murmullo de una
                                [balada de amanecer.

Escúchame. No temas
la quemazón hiriente de los focos,
la luz dispuesta en cajas sobre los anaqueles.
No es verdad, amor mío.

Todo es júbilo aquí: la alegre máscara
del bailarín inmóvil y el asombro
de la muchacha sorprendida al borde del acanti-
mientras el viento sueña   [lado,
con alacranes rubios y alfileres
que la niebla diluye.

Cuánto espacio mudable en avenidas.
En el húmedo césped, como verdor que estalla,
hay celajes de púrpura
y acrisoladas flores de papel.

Ven, ven. Tus ojos brillan.
Bajo la abrumadora sombra de los parques beso
                          [un cuerpo dormido.
El aire gime y tiembla como azulada llama de un
                          [antiguo quinqué.
¿Sabes? La lluvia arrecia
sobre esta humosa floración de bruma,
mientras el boj repite sin límites
dulce cuerpo desnudo
sobre el que desemboco
como en la mar, o el mar, o un mar: tragaluz de
                          [las olas.
Mar total que es un nombre

un nombre perseguido por un labio

PARAÍSO CLAUSURADO

Y es esta luz (los sueños de la infancia,
el vozarrón acuoso de los ómnibus,
la melancólica decrepitud
con que las olas vierten su murmullo)
tímida luz, dureza de agonía,
no la oquedad sin límites
tras los escombros del amanecer.

La voz al labio acude,
y se rompe, y resbala,
y no sabe cuánta culminación duerme en la noche
su plenitud: pupila
inmensa transcurriendo
entre unos grises párpados sin fondo.

Todo ante ti es silencio, a cuyo tacto,
espero, el tiempo acrece su gemido.
El chamariz, que es aire (un fogonazo
de oscuridad, la cálida estampida
de los sollozos), gime, desnudez
de un azul que agoniza entre los álamos.
Agonizar, qué triste maniobra
del corazón.

        Canta, amor mío,
canta las hojas de los parques,
este sabernos que tampoco sacia,
pero que ofrece dulce compañía;

y tu vivir, hoy lluvia, ya no tierna
erosión, resplandezca
bajo esta humanizada soledad
que tu quietud penetra y convulsiona.

Los sueños que aún perduren
olvídalos, son máscara,
antifaces de sombra para el dolor. Escúchame,
mírame ser: sobre mi rostro adviene
la telaraña humosa de los días.

Aunque ahora vuelvan a cantar, qué calmo
este mítico edén, los gnomos y las hadas,
tanta historia de príncipes
y de princesas que en abanico trenzan su sofoco,
tanto incansable pájaro dormido
de lo que un sueño fue.

                              Tú continúas
ante la clara umbría del otoño,
frío sopor de isla sin peces ni sosiego,
bajo una luna en paz.

Amor, tu lucidez
qué torpe todavía.
Qué serena la escarpia resbalando
donde, con un chasquido, la luz asoma entre los
y una música fulge   [árboles,
                    en el silencio.

FARO SACRATIF

I

Ordenación simbólica,
si como símbolo consideramos
el arbitrario modo de reconstruir
con fragmentos dispersos,
significando que las convenciones
permiten esbozar, en un vacío
sin nombre, la unidad,
                    que ya es historia.

II

Historia, sí; su frío
redimiera del tiempo de morir.
Esta montaña tiene
caminos escarpados donde jamás las voces llega-
que no la habita nadie,   [rían;
y ni las alimañas
cruzan sobre este polvo y estas rocas
con ruinoso verdín.
Solitarias reposan las ortigas,
los matojos de aliaga en el atardecer.
Y si la luz desciende no acaricia,
resbala en la ladera
que va a dar en la mar.
Porque desde el camino se ve el mar. Un mar,
como esta tierra, estéril.

Jamás un ojo humano contempló en sus olas
los silenciosos escarceos
del sol, ni fueron brillo,
fulguración o espejo para nadie.
Nunca otros ojos, nunca;
porque la sed ardida
de los zarzales y los cabrahigos,
y esos acantilados
que un viento húmedo erosiona, y la musgosa
espuma son presente.
Como presente el ojo y esta inútil
figuración de un hombre que medita
bajo un atardecer alucinado.

III

Toda historia es ficción.
Y más aún: sólo como ficción la historia existe.
Porque no hay tiempo, sino realidad
que acomoda la luz en la memoria:
los cuadrantes de esfera,
el péndulo implacable sobre la pared,
la recogida fiesta familiar
aderezada en el esmalte de las colgaduras,
los precoces espejos que no cobija el aire,
espacios que conmueven con un batir de alas
las pálidas gaviotas sobre el fondo del lienzo,
sin que nadie sospeche que, como torbellino,
asumen su verdad, la verdad de la noche,
con nostalgia que ignora
el fijo firmamento de su inmortalidad.

Toda historia es dolor,
y el dolor es historia:
la construida rosa de la resurrección.
Imaginemos un jardín.
Un jardín entre muros donde la bugambilia
crezca sobre andamiajes
que una mano plantó.
              Y hay dalias, boj, enredaderas.
Es un jardín pequeño,
sin concreción de tiempo ni de espacio.
Sólo una luz: infancia.
Infancia, sí; pasado,
ese extraño país
donde todo sucede de manera distinta.
Ninguna flor persiste,
y, sin embargo, todas son,
pues que jamás acecha la caducidad
en el presente inmóvil
del existir, hasta que la memoria
los hechos reinventa y unifica.
Que el transcurso y el orden,
su sucesividad,
son materia simbólica,
y al final sólo queda
no el tiempo: su ficción.

CEREMONIAS

I

Nunca pensé que las divagaciones
alrededor de las divagaciones,
en las interminables noches del estío,
fueran discurso útil,
lugar de convergencia para reconstruir
trozos de historia (¿historia? ¿y desde cuándo
la historia existe?), o su verdad, fingiéndose en las
                                            [máscaras.

Acaso es un producto de la melancolía
la labor del orfebre,
su incómoda meticulosidad
en torno a la amenaza de los significados.
Y nada facilita la consideración
de otros aspectos: a saber, que el tiempo
adopta en ocasiones la invalidez de un río
—el agua, ya fue dicho, es una y diferente,
del mismo modo que es el mar el sudor de la
                                            [tierra—;
que las colinas, la vastedad del silencio y de los
                                            [árboles,
a cuyos pies las pitas languidecen,
no son colinas ya, ni silencio, ni árboles,
sino pequeños altos sobre los promontorios
del pensamiento, bruma
que la norma recubre, y es lenguaje.

273

II

Materiales dispersos, elección
previa, y algún espacio representativo:
la campana que tañe en la ciudad,
el silbo del pastor entre los matorrales,
y en lo alto del faro,
casi en el mismo vértice instantáneo
donde la luz solar
soporta la agonía de la certidumbre,
una sombra que avanza
con fatiga, y no es
sino la reverberación de un sol que apenas luce
en ásperos matojos, en hisopos
de tranquila humedad.
El musgo de las rocas su semblante vuelve
como en espejo. Es blanco y sudoroso,
y una tímida arruga
que el otoño perfila a un lado de la sién
trae la paz remota de las generaciones
en el aroma vespertino.

Situación definida: descubrir
lo que esa paz lacera sobre el rostro.

¿Pero sobre qué rostro? ¿Quién avanza   ¿Y adón-
                                        [de?
Que es ahora, noviembre, atardecer
y en Sacratif, atrezzo y escenografía,
la ceremonia ritual
de la recreación y de la persistencia
a través de los signos, una página en blanco,
fuegos que no resbalan,
y el cuerpo y el espíritu:
identidad visible hacia la desunión.

III

El brusco despertar de las analogías
comienza como forma de trascender los límites.
El suceso diario de la redención,
la amenaza de un tiempo
que no supone astucia, ni frecuencia, ni fin,
la expresa ambigüedad de un discurso vacío
¿sobre quién significan?

Hay una música de las palabras
y unas palabras cuya música se prefiere ignorar.
Y su engarce no excluye la sustitución
de una verdad por otras. Antes bien
en él está su origen. Que en el acto poético
no hay fijeza ni norma
sino arbitrariedad resuelta en armonía.

IV

Armonía. Quietud.
Como la superficie de este mar
que es Sacratif, o Kullenberg, quién sabe
si su alternancia o su acumulación
o un solo mar simbólico
con un cierto valor, significado ambiguo
para acoplar al verso.
                              Que estos ojos
han tenido su instante
para vivir, y el cielo contemplaron

de su envolvente realidad (ya son
susceptibles de siembra),
pero la luz que incide en la pupila
allí muere. No es luz
lo que el poema acoge, sino espectros de luz
que el oráculo muestra entre los visitantes.
He sabido que hubieron
días largos y oscuros,
aunque ninguno triste, o simplemente humano.
Y nada importa: el tejo, la gaviota,
las estrellas de mar,
aquel hombre que avanza,
¿o ya no avanza?, ofrecen
testimonio de mí.
                    Y asistimos al rito
de uncir el tiempo a las fotografías
para un nuevo espectáculo:
la ceremonia de la soledad.

AQUALUNG

I

Bajo los árboles de otoño un mundo que no acepta
su desaparición como sucede un viento y caen
[hojas
(es la memoria final y nada de nosotros participa
o apenas un chasquido una palabra triste)
un símbolo que rueda sin su significado así tam-
[bién
la nube oscurecida por el pájaro en el jardín de
[rosas
una posible primavera más allá de la muerte
(dijo el viejo cantor)
bajo la opacidad de un cielo luz de junio
despliegue inapelable el de este amanecer que ya
[no necesito
pues su sol brilla sobre la superficie
en tanto algo en mí fuerza a superficie la profun-
[didad
otros son los triunfos la lógica prudencia
que el tiempo ha devastado bajo los arcos y las
[galerías
de este horizonte en ruinas pensamiento
de los descoloridos tulipanes sobre una jarra que
[se desdibuja
en un orden caótico motivos de una insensata
[desesperación
soy por ellos conozco que en mi presente está su
[porvenir
y más aún que sólo en mi presente existe su pa-
[sado

277

pues lo mismo que el árbol pierde sus ramas en
[la lejanía
y la montaña sus rocas y hasta el mar carece
de la movilidad del oleaje y es sólo un agua er-
golpeando la tarde con indiferencia   [guida
así el hombre a lo lejos es una masa informe
a la que doy los ojos apariencia de vida
yo soy su conclusión que es también mi criatura
y en esta habitación que inunda su vacío comprue-
[bo mi fluir
en las sílabas intencionadamente oscuras de un
[monólogo extinto
la música que producen las cosas al ser pensadas
como un sonido como un dolor que el sonido ar-
[ticula
mientras mi lengua paladea la irrealidad de lo
[real
y caen las ojas como la lluvia en este otoño
y la voz del viejo cantor repite incansable:
«cometiste delito de fornicación,
pero era otro país;
y, además, ella ha muerto».

II

Así como persiste el sonido de la orquesta más allá
de la orquesta y su invisible percepción
por invisibles ojos que no escuchan
el auditorio insatisfecho que se desmorona
ante las improvisaciones del actor
que inicia en este instante un aire de rapsodia
en su inesperada desnudez (un rapto ascético)
irrespirable como el trueno y ahora nubes
y el espejismo de la primavera
que es este cielo sin color no la ilusión de cielo

en el tapiz azul los ángeles los tronos
y las dominaciones una brizna
imperceptible de lo que soñamos
y ha nacido en el sueño al tiempo que decae
la función del poema como sustituto
de una parcela de la realidad la línea interrumpida
de un proceso por el que se construyen
todas las emociones o una sola emoción materia
                                        [suficiente
para representar lo que el espejo crea y me repite
y es este cuerpo que ya estaba escrito la raída
                                        [historia
del sol que es centro y foco de otros soles
y tantas cosas que ahora descubro por primera vez
esta piedra que es piedra y existe y no tiene
nombre tan sólo existe y sin mí aunque funda
en mí su identidad (las interpretaciones)
por eso canto todavía (son ecos una prolongación
                        surgida de la sombra)
y nadie escucha sino yo
y nadie vive sino yo
junto al penetrante silencio de las lilas
en los últimos días de setiembre que ningún ob-
                                        [jeto disturba
miro a mi alrededor la luna como un pájaro
tiembla sobre una hierba incomprensible
los cuerpos hablan son la luz
que se proyecta y se desdobla
en la lectura de unos libros música
cuya fragancia impregna este jardín de rosas
el dulce aroma de la noche en el espacio crepus-
                                        [cular.

ANTI-PLATON

Yo sostengo lo siguiente sobre el Todo...
El hombre es lo que todos nosotros sa-
[bemos

DEMÓCRITO

ser amo del placer
la noche solitaria de ojos ciegos
envuelve la ebriedad de un pensamiento húmedo:
la sangre que rodea el corazón es para el hombre
[el acto de pensar
en la vigilia un humo el cuerpo se disuelve
(nacer es sólo un nombre que el uso instaura
doble
la imagen desdoblada de la perplejidad)
y es un proceso que llamamos muerte doloroso
[destino
la blanca putrefacción de la memoria en el octavo
ese largo camino sin posada   [mes
los que velan habitan un universo único y común
en tanto los que duermen sueñan el suyo propio,
el
[sueño significa
una luz ajena y circular que gira en torno al mun-
[do
tú viajero recuerda al que ha olvidado adónde lle-
[va la carrera emprendida
construye lo invisible desde lo visible
(tus signos sólo existen en la enajenación)
conoce el momento oportuno

mira
el cosmos más hermoso: un montón de residuos
[que reúne el azar

280

IMITACIÓN DE TU-FU

I

Ver solo el desolado paisaje del otoño.
Mientras alguien pregunta por qué el estar aquí,
[en la montaña azul,
en este universo, diferente del mundo de los hom-
[bres.
Soy como el viajero temeroso de su pronta vejez,
sin fuerzas ya para enfrentarse a un sol
que la ceguera borra. Tengo un único anhelo:
que mi viaje continúe.
No pienso en el retorno. Sopla un viento en el sur
y a veces creo percibir un humo triste
el eco de un olvido sobre el aire gris.
Quizá el alba me encuentre demasiado al filo de
[la oscuridad.
El canto del gallo apagará mi lámpara. No sé.
Nada espero tampoco.
Miro esta niebla dulce del crepúsculo,
el río que corre bajo mis pies, las arrugas del agua,
los sauces silenciosos donde reposa el tiempo del
[amor.

II

El irrevocable rostro de la muerte.
El cielo y la noche ardiendo como flores bajo la
[luna pálida.
La choza está vacía. El sonido de un corzo
cuyo temblor estalla en los maderos
de la cerca. Nadie me recibió.
El viento arroja sus corceles. Y es la paja tan
[débil.
El torbellino de la juventud agoniza delante de
[mis ojos,
Veo cómo los animales destrozan mi morada.
El brusco zarpazo de los años mientras la noche
[llega.
Callan las luces en el horizonte. Me he apoyado
[en el muro.
El polvo se acumula sobre el lecho. Hace frío.
La humedad ha corroído mis manos y mis pies.
La lluvia dibuja en las ventanas una mueca som-
[bría.
El aliento del solitario rozando en los bambúes.
Larga es la noche del otoño. ¿Cuándo terminará?

VITA NUOVA

en adelante todo es nuevo
el placer de la noche con un murmullo ronco
abro mi puerta el sol es un ultraje
rompí mis libros mis palabras
(así el poeta ciego e invisible)
y una batalla oscura seminal
desarrollándose en la confusión
me desliza hasta bordes que no existen
el terror de escribir en la inflexión del día
esta fisura en que agonizo un cielo efervescente
la música desgarra se consume nos borra
miro el vacío que será mi epitafio mi diseminación
                                        [un nombre
que el nacimiento impone
                          y nadie significa
salvo la cópula celeste el excitado mar
que la tormenta masturba (esta memoria
reconocible como subterfugio olvido
negándose a morir)
                    dos lágrimas equívocas
maquillan el olor con que las nubes
elaboran mi espacio un frío mortuorio
el estremecimiento de mi desnudez
en el umbral de la desolación un largo falo escupe
el santuario de mi cuerpo ruinas
la luz inhabitable el fuego frágil
(pues que es el fuego mi naturaleza
la luz que vampiriza el atardecer)
la misma indiferencia la misma claridad
la muerte no desenmascara
sino su propia máscara una ausencia
gravita alrededor de la locura

así este río de mil brazos
gesticulando como espejos humo que acaricia
el orificio de la aurora el ano de la noche
saber mis ojos llenos de detritus
y ni dolor ni espanto: mi deseo.

ESTADO DE SITIO

con qué facilidad transformo en alas
cuanto mis ojos codifican
la ininteligible percepción el movimiento del es-
[pacio
la fragancia crepuscular que ningún murmullo des-
[dibuja
pero sé que en mis manos lo posible es un símbolo
sin elocuencia la luz de la bombilla sobre el apa-
[rador
confundiendo mis libros los sillones de enea
y otros objetos sin relieve
cuya presencia hace inconcebible la sola idea del
[sol
el lenguaje que brota sin pausa como un soplo
de la magnificencia de la ruina
la confusión que nunca reposa
y el sonido repite me repite penetra
tal como si negara lo peculiar de este teatro so-
[lemne
con un viento que araña la calma de los pabilos
en tanto inclino la cabeza sobre la superficie
donde el silencio me proyecta una proposición
sin otra referencia que las proposiciones
en que este otoño consiste
vuelto ya cima de mi pensamiento
y allí mi rostro escrito como otra imagen de la
[realidad.

SALMO DOMINICAL

> Quien habla en nombre de los otros es siempre un impostor.
>
> CIORAN

finalmente ha llegado el momento de hablar por
[boca de seres que no conozco y de quienes
[nada sé
les miro y parece que caminasen a mi lado en mul-
[titudes por las aceras
tan desconocidos como ese rebaño de automóviles
[que celebran su día de fiesta en caravana
rostros que asoman por terrazas hornacinas don-
[de se amontonan y macetas sin flores

hoy domingo de mayo
una pareja empuja un cochecito van a doblar la
[esquina y antes de desaparecer
veo al niño que juega con una cometa roja tan
[irreal como los sueños del solitario
supongo que serán como yo reirán como yo sufri-
[rán como yo
(lo de sufrir lo digo sin énfasis alguno)
pero cuanto más lo pienso menos les conozco más
[extraños me son
desconocer las cosas (las personas) es resultado a
[veces del deseo
poso del pensamiento que los residuos articulan
pienso en ti por ejemplo (no eres tú sin embargo
[sino una simple imagen) y es así como em-
[piezo a no saber quién eres
el aire que azota mi rostro no medita
ni esos rostros que miro son otra cosa diferente
[de unos rostros que miro

sin más profundidad que la de estar ahí
como los árboles que tienen ramas y una copa
        frondosa
y se estremecen al roce del mismo aire que yo
el rostro de un amigo me remite a una vida y lo
        [que está detrás no existe: significa
por eso me gusta el rostro de los desconocidos:
                [me limito a mirar

el diario abierto sobre la mesa
trae noticias graves sucesos
un accidente absurdo al patinar un coche bajo la
        [lluvia de esta madrugada
alguna frase difusa en torno al último consejo de
                [ministros
pero yo vuelvo a mi poema
aunque sé lo difícil que es obtener noticias de
        [un poema
(soy consciente de su oscuridad manifiesta)
así cuando el viejo médico escribía que también
        [hay flores en el infierno
podemos interpretar que un poco de agua desnu-
        [da cayendo sobre mi cuerpo no es al cabo
                [un hecho tan desagradable
y no es que olvide la objetividad esa historia ob-
                [jetiva
que no protagonizo no soy yo quien la mueve ni
                [es ésa la cuestión
pero yo soy también mi cuerpo y existo porque
                [mi cuerpo existe
así que formo parte de esa objetividad de la que
        [no me puedo desprender

la noche es una luz que nadie enciende
y bajo las farolas entre largas hileras de plátanos
        [que la brisa de mayo desordena
la desesperación permite que en las aceras brillen
        [los escombros como piedras preciosas
y una canción que fluye de los charcos

antes de que el amanecer se inscriba con man-
            chas húmedas sobre las tapias del arrabal
y los perros ladren y gatos en celo lloren desde
                                    [los tejados
como quienes no saben que están en la antesala
                            [de la degradación
la que otorga el ser objeto de este trabajo rutina-
      [rio de escribir un poema una mañana de do-
                                        [mingo
el terror producido al apagarse los focos que ilu-
      [minaban el castillo en la cresta del acanti-
                                        [lado
y alguien de pie en la playa lo mira derrumbarse
                            [sobre el mar de la noche
¿hay algo más inútil?
pues pensar que trasciendo lo que veo es posible
                  [tan sólo porque me encuentro mal
(la metafísica no tiene otra función)

recuerdo al enamorado del siglo xvii
«la muerte es muerte porque nos separa»
¡y no poder nada contra la muerte!

yo intento consolarme con el sol que penetra por
                                    [la ventana
al fin y al cabo parece que el sol calienta más
                                [cuando lo necesitas
y aunque sé que no es cierto me consuela
eso al menos me dicen las palabras que escribo
en esta habitación donde estoy solo

José Luis Jover

Cuenca, 1946.

Ensayo:

> *Manuel Rivera. Estelas segalenianas.* Madrid, Ediciones Rayuela, 1975.
> *García-Ochoa: realismo grotesco y fiesta profana.* Madrid, Ediciones Rayuela, 1976.

Poesía:

> *Memorial*, Madrid, 1978.
> *En el grabado*, Madrid, 1979.
> *Lección de música*, Valencia, 1980.
> *Espacio cerrado*, Madrid. (En prensa.)

POÉTICA

(POEMA AL MODO DE ANTHONY THWAITE)

Joaquín Benito de Lucas, Rafael Alberti, Concha Zardoya, J. J. Armas Marcelo y Leonardo de Arrizabalaga y Prado. Dámaso Alonso y José Luis Alegre. Pureza Canelo, Félix de Azúa, José Elías, Juan Gil-Albert y Justo Guedeja Marrón. Francisco Garfias. Leopoldo de Luis, Carlos Oroza, José Mascaraque Díaz-Mingo y Carlos Piera. Carlos de la Rica, José María Valverde, Claudio Rodríguez, José Luis Prado Nogueira, Francisca Aguirre y Jorge Guillén. Elena Andrés, Vicente Aleixandre y José Luis Castillejo. Ernestina de Champourcín y Enrique Badosa. José García Nieto, Francisco Ferrer Lerín, Antonio Hernández y Alfonso Canales. Joaquín Caro Romero y José Batlló. Raimundo Escribano Castillo. Carlos Pinto Grote, Jesús Hilario Tundidor, José Luis Jover y Luis Feria. Generoso García Castrillo, Ángel Guinda Casales, Joaquín Giménez Arnau, Concha Lagos y Carlos Murciano. Antonio Murciano. Blas de Otero y Fernando Quiñones. Carlos Edmundo de Ory, José María Merino y Carlos Sahagún. Concha de Marco. José Hierro, Carlos Bousoño, José Luis Cano, Lorenzo Gomis, María Elvira Lacaci, Victoriano Crémer y José Infante. Mario Hernández, Carlos Álvarez, Gonzalo Armero y Alicia Cid. Aquilino Duque. Hugo Lindo. Javier Lostalé y José Lupiáñez. José Jurado Morales, Vicente Molina Foix, Francisco Pino y Apuleyo Soto, Acacia Uceta, Jenaro Taléns, José Miguel Ullán, Genaro Vicario y Francisco Toledano. Leopoldo Rodríguez Alcalde, Ramón Pedrós, Rafael Montesinos, Luis López Anglada, José Agustín Goytisolo, José Bergamín, Guillermo Carnero y Miguel Luesma Castán. Manuel Mantero. Juana Rosa Pita. Álvaro Pombo. Emilio Sola, Manuel Ríos Ruiz, José Ángel Valente y Arturo del Villar. Manuel Álvarez Ortega, Carlos Barral y Enrique Morón. Ernesto Contreras. Eugenio Padorno. Manuel Padorno. Jaime Siles y Luiso Torres. Manuel Vázquez Montalbán, Paloma Palao y Juan Van-Halen. Rafael Torres Mulas, Luis Antonio de Villena, Rafael Soto Vergés, Leopoldo María Panero, Luis Martínez de Merlo, Juan Larrea, Luis Jiménez Martos y Alascok-Ish de Luna. José María Álvarez, Marcos Ricardo Barnatán, Ángel Crespo y Ángel Fierro. Gabriel Celaya y Carmen Conde. Ramón de Garciasol, Ángela Figuera, Antonio Martínez Sarrión, José Manuel

Caballero Bonald, Jaime Ferrán y José Juan Garcés. Gloria Fuertes, Francisco Brines y Carlos Rodríguez Spiteri. Joaquín Marco y Salustiano Masó. Ramón Nieto, Jaime Gil de Biedma, Luis Alberto de Cuenca, Antonio Colinas y Julia Castillo. Félix Grande, Justo Jorge Padrón y Pilar Paz Pasamar. Ángel García López. Rosario Pascuel Lira. Antonio Gamoneda, Salvador Pérez Valiente, Ana María Moix y Jesús Munárriz. Eladio Cabañero, Antonio Carvajal, Pablo García Baena y José Gerardo Manrique de Lara. Aníbal Núñez. José Luis Martín Descalzo, Alfonso López Gradolí y José Antonio Gabriel y Galán. Senén Guillermo Molleda Valdés. Juan Luis Panero. Mario Ángel Marrodán... Una sola cosa es cierta. Que somos demasiados.

ENUNCIACIÓN

Ni el rostro pregunta / ni el espejo contesta
Porque el desmayo lanza su tela de araña tiene
los ojos entreabiertos el duende hunde su mirada
repugnante del cristal a la faz al hilo del filo pro-
picio Desde el jardín la voz en el momento en que
el perro guardián ha emprendido su huida Ni an-
tifaz ni artificio sino en el mismo instante de
transcribir a qué negarlo mas toca la sequedad
la lengua igualmente surcada da la voz en el qui-
cio *Salta el violín como un ojo* caja de ruecas
ceja roja frente al cristal canta la rana la tecla
mueca presa que busca el hilo Guardián que em-
prende la huida

(1973)

CUERPO PRESENTE MÁS NICHO

Cuerpo presente mas nicho lecho mancha la
mosca en su recorrido la carne inmóvil agreste la
ascensión y la caída brusca busca en los pliegues
el secreto atisba entre las tumbas nombra lo ya
nombrado da batalla perdida agotado el gesto en
el espejo el rostro y de allí los signos desmoro-
nándose toca aquí y allá la carne dura todavía mas
funeral ramal que se desprende cordel para desde
allí la caída un cuerpo y otro de muñecas enga-
ñosas va a dar el salto último mueca da vueltas
sobre sí misma azota en el límite no saltan chis-
pas ya la oscuridad se empeña blanda la mano
nada segura hurgando en la pelusa pende la baba escasa por la pared chorrea entre los nichos
inscripciones dibuja la herida será remota olvidarás tu nombre y elsa sin tocarla

(1974)

FIGURA

(1967)

Ascender a esta imagen: criatura
de borroso contorno.
              Malamente
reconocerse en ella si prudente
la memoria se muestra o es oscura

su intención. No puede su bravura,
sin embargo, volverse de repente
a un espacio de nadie —inocente
e imposible argumento—: la locura.

Ni lejana ni vaga. Cuando quiere
eleva ante ti plantas, edificios.
Ni tu odio perpetuo tanto hiere,

ni podrás con tus hueros maleficios
ocultar la impotencia... Ni difiere
su presencia indecente de tus vicios.

(1975)

PALE CARNAGE BENEATH BRIGHT MIST

(E. Pound)

Basta ya de dones confusos y destellos.
Más vale el azaroso placer
que sólo con su nombre
disminuye tormentas
cada vez más próximas y torturadoras
conforme la ceguera avanza
y el oleaje disminuye.
Aquí el cuerpo descansa
y modifica su nombre en cada sacudida
porque sólo así lo quiere y poderosa y única es
y su evidencia.   [su voluntad

(1975)

PRESENCIA MINERAL

Le regret d'Héraclite

J. L. BORGES

Presencia mineral:
vas a tocarlo y cobra el rostro
apariencia obscena. Piedra primera
y última a su vez; ésta que aquí
al final del largo corredor
desafía, alza la faz y muestra
el cuello comido por las aves.
Tiempo atrás hubo; ahí la huella: puntos
de sal, labios
que a ningún cuerpo pertenecen
si no es a éste que es sedimento y rumor de
Plegaria blasfema, plena   [orantes.
que contra la mentira común fue lanzada sin suer-
Vas a tocarlo y es la marca   [te.
de cascos de caballerías
que al final del largo corredor
orinan.
            Mas tiene la piedra su movimiento
igual que es la noche informe y multicolor.
Engendra monstruos el recuerdo
del viejo placer: sinuoso camino
que sobre el abismo se levanta
y que no por haber sido andado
dejará de tender trampas
en cada habitación de hotel; formas
imprecisas de la carne, pliegues que no conoces
aun poseyendo el cuerpo irrepetible
—presencia mineral si acaso—

en la noche sin perfiles.
Luz de vela
que sólo a la mejilla alcanza y cuya redondez mo-
[difica
de suerte que escapa su contorno a tu reconoci-
[miento.
A veces, como detalle de lienzo (o abstracción)
sobresale el pormenor
que la memoria más detesta:
y ahí el hierro al rojo
al que te aproximas, un paso
y otro más hasta la ceguera que no vas a evitar.
Una lágrima fría, una gota de estaño, la estampida
de las caballerías,
la mano al vientre poco antes del vómito
y el corazón en llamas
al que prendió fuego el amor huido.

(1976)

SEPULCRAL *

Crece el bulto, en diagonal la espina
de parte a parte
atraviesa la molla.
Entreabierta la puerta
frente a la que vigila el pájaro
que irrumpirá sin aviso
y en la joroba incará la garra,
cerrando los ojos.
Darán al poco los miembros con el suelo,
rodará el cáliz por la tierra
y al chocar contra la piedra sonará la plata
despertando hormigas y opiliones.
Quien ve el espectáculo
se oculta y su saber esconde.
Crecen en el mirador el musgo y la yedra
alcanzando los cristales: dentro
una lánguida figura prisionera
dormida junto a su abanico.
Durante el día y durante la noche
aumenta y sangra la giba
de la que beben aves de cuerpo escaldado
que contraen las patas y suavemente pósanlas
haciendo sonar el instrumento de pompas. Un ar-
[quero
invade el territorio y origina la desbandada;
saltan las cabezas y ve el ojo
cómo la bola de carne se estrella contra él.
De tarde en tarde puede adivinarse
a través de la cristalera rota
la sombra del armonioso cuerpo
sobre blanca pared de rojo salpicada

---

* Sección segunda del tríptico «Espacio cerrado», y
contenido en «En el grabado».

con movimiento de aceite que manchase el papel
para luego perderse
después del incendio que al marfil sólo entizna.
No cesan los gruñidos,
el arañar de zarpas,
la explosión de vejigas,
las uñas y los pelos y el vegetal quemados,
cenizas que en espiral perforan el espacio, cortan
el hedor y lo encierran y esparcen;
las cluecas en hilera, procesión
que infunde el respeto
al que sólo son ajenos los mercaderes
extendiendo allí mismo su mercancía;
el corte de las fustas en el labio,
la baba del caracol ocioso
y la lágrima que no empapa hasta caer
al suelo que fuese arena,
que fuese alga, que fuese coral, que fuese mar.
Algunos rompen el cordaje en medio de la pesa-
o si copulan con la alta dama   [dilla
a cuyas señales acude quien es llamado
y logra escalar el mirador con destreza:
en esa suerte se pierden:
sólo memoria les queda y saben
que jamás repetirán el acto;
ella poco recuerda: los rostros iguales
como cabezas de ardilla
esparcidos sobre un tablero, allí grabados
uno a uno, éste igual al otro;
en el lugar del ojo la punta del buril
y el cordel que prosigue el bordado:
espejo de lo que afuera ocurre,
si cabe más atroz: silencio de sepulcros:
únicamente la rotura de algunos hilillos,
sonido imperceptible;
porque aquí no hay pisada
que aplaste esos pequeños cráneos de roedores
ni haga estallar sus ojos:
con la misma paciencia y dedicación

la obra es deshecha al llegar a sus límites
y vuelve a componerse.
Igual que los hechos se suceden
aquí son traídos
y aquí se repiten como en otro lado se repiten.
Bocas de gusanos;
de boca en boca las imprecaciones y los delitos;
secretos de pavo real, aquello
a lo que la tejedora no atiende.
En los días calurosos
desaparece y deja que se habite la casa en la que
y allí se alborote: escondida   [mora
ella se acaricia el sexo
mientras todo lo mira: fría cueva
donde el agua se estanca para nadie.
Despojos quedan y restos de carne
que serán ceniza y no alimento de buitres.
Una larga contemplación.
Pétalos de rosa secan el sexo, barcas
se mecen sobre las aguas casi inmóviles de la bal-
fanales balancéanse en la oscuridad   [sa,
formando círculo, rodeando
el hocico del menhir, punta
encarnada, una.
Quien ve el espectáculo
se oculta y su saber esconde.
Como si cesase el desfile
de una banda uniformada de grullas
a la que todos miran
vuelve el tumulto: fragmentos
de espejos cortando el cuello, grito
del condenado en capilla:
expiración del tigre junto a los cachorros,
diálogo de escorpiones, diálogo
de miradas de escorpiones, o diente
que deposita su veneno en la rodilla.
De lejos otros tantos
contemplan la altura de las llamas por detrás de
y ansiosos aguardan a que todo arda;   [la colina

rosario de ánimas por último,
encapuchados despojándose de guantes, tocándose
unos a otros por debajo de la túnica durante el
Están los tálamos dispuestos, piras   [recorrido.
para una alianza prolongada en la que los cuerpos
de poseerse. Acto sin fin   [no terminan
hecho de repeticiones
como el adorno de la tela descompuesto y vuelto
alfombra de hojarasca,   [a hacer como
como arruga en la piel que desaparece al paso de
                                   [la mano como
enfermedad por un tiempo curada,
como hierba arrancada que sirviera para frotar el
                                   [sexo como
excitante primero y después veneno.
Alrededor del eje ciego gira
la rueda infinitamente.
Alrededor de la rueda giran
ciegos el procesado y sus jueces.
Alrededor del procesado y sus jueces gira
ciego el gentío vociferante.
Quien ve el espectáculo
se oculta y su saber esconde:
aquí estuve y en ningún sitio estuve,
todo lo he visto y nada he visto,
fui procesado y condenado y juez
y nadie fui. Saber no poseo,
sino sólo la certeza del tacto
y el hábito de mentir, treta
salvadora, trabajosa búsqueda
entre las piezas del tablero.
Mas nada digo: por aquí desfilan las figuras
según aparecen.
Darán al poco los miembros con el suelo,
rodará el cáliz por la tierra
y al chocar contra la piedra sonará la plata
despertando hormigas y opiliones.
Alguien, lejos de aquí,
romperá los cordajes,

escalará el muro,
oirá delaciones,
olerá el veneno,
velará en la noche,
recomenzará el bordado.

(1978)

FUNERAL *

(fragmento)

Funeral saturnal
Ungieron todos el cuerpo del ausente
Nocturno goce de la amante sola
Espacio cerrado donde purgar qué culpa
Rosa sola roza la losa
Altar
Lentamente el silencio

I

Pues al amanecer la nave
Pudo verse inundada de restos
De comida y jirones de ropas y derramado
Líquido pegajoso hormigas
En grupos sobre el manjar y entre el vello
De dos cuerpos brillantes entrelazados
Todavía dormitando

---

* Tercera sección del tríptico «Espacio cerrado»,
contenido en «En el grabado».

II

Empapó la túnica el pringue
Y la saliva verde espuma que suelta
El caracol hirviente
Entre las arrugas de la tela con estaño
Fundido las uñas de manos y de pies
Expuesto el cuerpo durante la comida

III

Recapitulación y olvido
En ese cuadro el jardín y el sátiro
Asomando entre los arbustos nada
Ve nada sabe
La uña asciende
A lo largo del muslo y en la sala
Vacía junto a los desperdicios tómame

(1978)

Guillermo Carnero

Guillermo Carnero nació en 1947. Licenciado en Ciencias Económicas. Doctor en Filología Hispánica. Profesor en la Universidad de Valencia.

OBRAS PUBLICADAS

Libros de poesía:
  Dibujo de la muerte, Málaga, 1967.
  Dibujo de la muerte, edición ampliada, Barcelona, 1971.
  El sueño de Escipión, Madrid, 1971.
  Variaciones y figuras sobre un tema de La Bruyère, Madrid, 1974.
  El azar objetivo, Madrid, 1975.
  Ensayo de una teoría de la visión, 1967-1977, Madrid, 1979.

Libros de ensayo:
  Espronceda, Madrid, 1974.
  El grupo Cántico de Córdoba, Madrid, 1976.
  Los orígenes del romanticismo reaccionario español: el matrimonio Böhl de Faber, Valencia, 1978.

Traducciones:
  Vathek, de W. Beckford, Barcelona, 1969.
  Una noche con Hamlet y otros poemas, de V. Holan, Barcelona, 1970.
  Espirita, de T. Gautier, Barcelona, 1971.

Ha colaborado en los volúmenes colectivos *Vicente Aleixandre: El escritor y la crítica*, Madrid, 1977, y en la misma serie *El surrealismo* (en prensa). Colaborador asiduo de las revistas *Insula, Cuadernos Hispanoamericanos,*

Bulletin Hispanique, Papeles de Son Armadans, etc., y en los diarios *Informaciones* y *El País*, de Madrid, y *Las provincias*, de Valencia.

Los poemas «Concertato», «Watteau en Nigent-Sur-Marne», «Óscar Wilde en París», «Capricho en Aranjuez» y «El embarco para Cyterea», son de *Dibujo de la muerte*. «Jardín inglés», «Piero della Francesca» y «Las ruinas de Disneylandia» de *El sueño de Escipión*. «Eupalinos» de *El azar objetivo* y el resto de *Variaciones y figuras*

POÉTICA

Redactar poéticas, después de algunos años de ejercicio de esta absurda actividad que ni profesión puede llamarse, me parece un gesto sin sentido. En sus años iniciales un poeta está deseoso de manifestarse exponiendo principios, normas, puntos de vista teóricos. Cuando pasa el tiempo y la obra se va apilando, el furor teórico se mitiga. La propia práctica se ha vuelto la mejor teoría. Y además: el poeta, que se ha dado cuenta de que al escribir no ha hecho más que poner en pie un espectáculo para su uso exclusivo, siente cada vez mayor repugnancia a traducir ese conjunto de imágenes, de líneas de fuerza, de recuerdos, a otro lenguaje cualquiera Otro lenguaje que hará que en lugar de la palabra poética circule, como calderilla, un fantasma suyo, racionalizado, útil como instrumento de cambio, favorable a los monederos falsos.

La promoción de poetas en la que se me incluye irrumpió hace diez o doce años en la tierra baldía de nuestra literatura como caballo en cacharrería. Apareció con algunos de los rasgos externos que se consideran usualmente síntomas de un relevo «generacional»: rechazo del pesado, manifestaciones colectivas, comunes características formales. Creo que el primero de ellos estaba plenamente justificado: a medida que mis necesidades profesionales me han ido obligando a profundizar en la historia de la poesía castellana posterior a la guerra civil, me he ido confirmando en esa idea. Salvando algunos casos aislados (la obra de algunos poetas del 27, no todos: la de Luis Rosales y Carlos Bousoño; los poetas del grupo de Barcelona —Gil de Biedma sobre todo— tránsfugas del realismo social y emparentables con llamada promoción de Brines, Claudio Rodríguez o Valente; el grupo Cántico de Córdoba y en menor medida el Postismo) la herencia poética que se nos ofrecía en 1965 me pareció entonces y me parece ahora rechazable en términos generales.

En cuanto a los otros dos, la dispersión geográfica y la personal evolución de cada uno de nosotros han hecho que la primitiva coincidencia (que estaba fundamentalmente dictada por un programa negativo, es decir, por el propósito de sacar a la poesía del callejón sin salida del realismo de cortos alcances) se haya ido diluyendo.

307

Ha faltado también el vehículo de comunicación y de contacto que hubiera podido ser una revista. El núcleo inicial contenido en la antología de Castellet (1970) ha sido ampliado con otros poetas. Se ha visto así lo que de verdadero y certero diagnóstico hubo en la decisión de José María, que algunos han querido reducir a truco publicitario.

Se ha visto también que la definición por Castellet de las pretensiones de los poetas por él reunidos entroncaba lógicamente con una corriente de independencia poética que circuló subterráneamente desde el principio de la postguerra (Cántico, promoción Brines-Rodríguez y grupo de Barcelona, Novísimos) en oposición a los academicismos en que se concretó la «poesía oficial» en los mismos años (garcilasismo, espadañismo, poesía social). Mientras la primera línea demuestra coherencia y progresión ascendente, la segunda sólo exhibe bandazos y contradicciones incapaces de síntesis.

Creo que en estos momentos nuestra poesía se encuentra en un momento óptimo. Las expectativas del lector de poesía han sido considerablemente ampliadas; se le ha obligado a admitir que el verso puede ser el lugar natural de infinitas posibilidades expresivas; se ha roto el maleficio que hace diez o quince años condificaba lo expresable dentro de cauces estrechos. El lenguaje ha sido enormemente enriquecido en consonancia. Los poetas, olvidada ya la inicial actitud combativa —porque ya no hay enemigo— pueden enfrentarse a la tarea de sintetizar todos los elementos necesarios a una poesía de gran alcance. Entre esos elementos están algunos de los que distinguieron a las promociones anteriores: una humanización más directa e inmediata del poema, un reasumir del «compromiso» a un nivel que no anule la expresión. Haciendo un símil con la evolución de uno de los más grandes poetas de este siglo, Tristan Tzara, ha pasado la época negadora de los manifiestos de Dadá; ha llegado el momento de escribir L'homme approximatif. Las condiciones sociales y políticas no parecen en principio desfavorables para que ese salto pueda darse. El tiempo lo dirá.

CONCERTATO

Scarlatti

Qué míseras las voces. Llaman, imploran, gimen,
se desatan en llanto. En la espesura surte
una liviana flauta, tímidamente vibra, y resonante asciende y vigorosa turba
los reinos de la sombra.

Vibración de la música
derrumba las altísimas vidrieras. Qué deseo
para que brote el arpa, fluya el clave continuo,
irrumpa a contratiempo la vïola.

En las noches
de estío
qué míseras las voces.

WATTEAU EN NOGENT-SUR-MARNE

En el brillante centro de la sala, se oye
las risas y el reloj. En cuatro círculos
giran las Estaciones, y las Gracias recatan
su desnudez en el coronamiento.
Ágatas y nogal, si se entrelazan
a los pies del reloj, la caja oprime
las resonantes cuerdas, los finísimos flejes y el
                    [contenido cauce de la música.
Broncíneos bancos labrados y Pomonas veladas
                    [de musgo.
El círculo de los naranjos, contenido con violen-
                    [cia y arte
concede en la distancia un húmedo refugio.
Cómo puede el aire frío de la noche conservar su
                    [pureza originaria,
del ir y venir de candelabros y libreas separado
tan sólo por unas vidrieras trasparentes.
Ficción o engaño. Pero los aprendidos pasos de
baile, ¿son acaso
razón para una vida? Mezzetin, Citerea,
el espectáculo, el universo vuestro en mí surgido
donde no soy extraño. Mirad: más vida
hay en la mano enguantada que abruma de en-
                    [cajes su antifaz
o bajo los losanges del arlequín que pulsa las
                    [cuerdas del arpa
que en todos vosotros, pintados paseantes de
                    [Los Campos Elíseos.
Porque el hombre desea conocer lo que ama,
descifrar la sangre que pulsa entre sus dedos,
                    [recorrer
íntimamente los senderos intuidos desde la can-
                    [cela.

Nada vuestro me es oculto, personajes de fábu-
[la, porque soy uno mismo con vosotros,
y sin embargo, estoy tan solo como cuando, al
[entrar en el salón,
oprima una mano desconocida bajo la seda, en
[la próxima danza.

ÓSCAR WILDE EN PARÍS

Si proyectáis turbar este brillante sueño,
impregnad de lavanda vuestro más fino pañuelo
[de seda
o acariciad las taraceas de vuestros secreteres de
[sándalo,
porque sólo el perfume, si el criado
me tiende sobre plata una blanca tarjeta de vi-
[sita,
me podría evocar una humana presencia.
Un bouquet de violetas de Parma
o mejor aún, una corbeille de gardenias.
                                    Un
hombre puede
arriesgarse unas cuantas veces, sobre la mesa
la eterna sonrisa de un amorcillo de estuco,
nunca hubo en Inglaterra un boudoir más per-
[fecto
mirad, hasta en los rincones una crátera de por-
[celana
para que las damas dejen caer su guante.
Oh, rien de plus beau que les printemps anglais,
decidme cómo hemos podido disipar estos años,
naturalmente que un par de guantes amarillos
                        [no se lleva dos veces,
cómo ha podido esta sangrienta burla
preservarnos del miedo y de la muerte.
Un hombre puede, a lo sumo unas cuantas veces,
arriesgar el silencio de su jardín cerrado.
Pero decid, Milady, si no estabais maravillosa
                        [preparando el clam-bake
con aquella guirnalda de hojas de fresa!
Las porcelanas en los pedestales
y tantísimas luces y brocados

para crear una ilusión de vida.
No, prefiero no veros, porque el aire nocturno
agitando las sedas, desordenando los pétalos caí-
[dos
y haciendo resonar los cascabeles,
me entregará el perfume de las flores, que rena-
[cen y mueren en la sombra
y el ansia y el deseo, y el probable dolor y la
[vergüenza
no valen el sutil perfume de las rosas
en esta habitación siempre cerrada.

CAPRICHO EN ARANJUEZ

Raso amarillo a cambio de mi vida.
Los bordados doseles, la nevada
palidez de las sedas. Amarillos
y azules y rosados terciopelos y tules
y ocultos por las telas recamadas
plata, jade y sutil marquetería.
Fuera brevevivir. Fuera una sombra
o una fugaz constelación alada.
Geométricos jardines. Aletea
el hondo transminar de las magnolias.
Difumine el balcón, ocúlteme
la bóveda de umbría enredadera.
Fuera hermoso morir. Inflorescencias
de mármol en la reja encadenada:
perpetua floración en las columnas
y un niño ciego juega con la muerte.
Fresquísimo silencio gorgotea
de las corolas de la balaustrada.
Cielo de plata gris. Frío granito
y un oculto arcaduz iluminado.
Deserten los bruñidos candelabros
entre calientes pétalos y plumas.
Trípodes de caoba, pebeteros
o delgado cristal. Doce relojes
tintinean las horas al unísono.
Juego de piedra y agua. Desenlacen
sus cendales los faunos. En la caja
de fragante peral están brotando
punzantes y argentinas pinceladas.
Músicas en la tarde. Crucería,

polícromo cristal. Dejad, dejadme
en la luz de esta cúpula que riegan
las trasparentes brasas de la tarde.
Poblada soledad, raso amarillo
a cambio de mi vida.

EL EMBARCO PARA CYTEREA

Sicut dii eritis.

GEN. III, 4

Hoy que la triste nave está al partir,
con su espectacular monotonía,
quiero quedarme en la ribera, ver
confluir los colores en un mar de ceniza
y mientras tenuemente tañe el viento
las jarcias y las crines de los grifos dorados
oír lejanos en la oscuridad
los remos, los fanales, y estar solo.
Muchas veces la vi partir de lejos,
sus bronces y brocados y sus juegos de música:
el brillante estentor
de un ritual de gracias escondidas
y una sabiduría tan vieja como el mundo.
La vi tomar el largo
ligera bajo un dulce cargamento de sueños,
sueños que no envilecen y que el poder rescata
del laberinto de la fantasía,
y las pintadas muecas de las máscaras
un lujo alegre y sabio,
no atributos del miedo y el olvido.
También alguna vez hice el viaje
intentando creer y ser dichoso
y repitiendo al golpe de los remos:
aquí termina el reino de la muerte.
Y no guardo rencor
sino un deseo inhábil que no colman
las acrobacias de la voluntad,
y cierta ingratitud no muy profunda.

JARDÍN INGLÉS

Disposición convencional
y materia vigente, acreditada
prosodia: ilustraciones
que es sabio intercalar tanto en la vida misma
como el discurso del poema. Darles
un ingrediente de ternura.
                       Y la tristeza
(la sensación de culpa)
de hablar un arte viejo, con vocación escasa
para el triunfo; darles
como en los dioramas de las ferias
un toque de inquietud: licor precioso
de la duda, pasión para los fuertes,
no este jardín estéril
y esta yerta estación, como su cielo fijo.

En la esterilidad
concilia la erosión a sus figuras
con la vicisitud de la memoria.
Las estatuas sugieren
un alma a este jardín, no su pasado mismo
sino la vaga realidad que me complace ahora
inventar en su honor, y la emoción poética
más que de sabia precisión da fe
de una cierta ignorancia convenida
a modo de verdad.
                Y tierra muerta
más que desnuda aquí. Ni los senderos
menos que tierra.
              Y el rodar los años
los oros de su pátina
como una injuria inútil sobre lo ya caído.

Los árboles sin savia y los cuerpos sin luz
dan en las alamedas ya borradas
al viento su rigor, y la inmortalidad
es patrimonio firme de lo muerto.
Así tu cuerpo fue. Y recordarlo ahora
es un mundo sin eco, una ciudad vacía
donde sólo su carne
tuviera realidad como esta tierra ausente
y aun siendo en lejanía, como un mar escondido,
una gran amenaza.
                                    Y su recuerdo vive.
En los rostros quebrados
en su mejor perfil, como el cincel
que levemente ulcera
la morbidez inerme de las pupilas vacuas
variando su herida como una cuerda única,
el espejo del limo,
la voz del hielo, la incisión del aire,
reclaman los desnudos
alzado contra el mar y el cielo mate
el frío alfanje de su geometría
un castigo perenne sobre su carne rígida
para mejor sentir: burlar la muerte,
aplazarla; buscar
el mal, y padecerlo. Eso fue amor entonces.
En el aire sin luz
dibujan las estatuas el pulso tembloroso
de labios que no besan y brazos que no oprimen
a brazos que no sienten, y miradas
sin pupila: querencia
más que el tiempo tenaz, no levantado
su dibujo de formas atezadas
de deseo, al amparo y contra el soplo
de la caducidad, dibujo de la muerte,
y en su rigor más que en la vida misma
hay un signo de gloria.

En la esterilidad rutila aquello
que no ha sido: la humillación, el odio
que no han sido.
                    Terrazas
donde escuchar el viento, descifrar
la ausencia del color y de la forma,
la de un cuerpo sin fin, porque sin fin el odio
busca saciarse, y alza
la cabeza una vez
y otra vez, y es tan fuerte
cuanto reciente el tiempo
de su aniquilación; rutila el miedo
a sentirse vivir, y el humillante curso
de las horas.
                    Y llena
la oscuridad, cuando los cuerpos huelen
intensamente, la risotada plácida
de las cosas amigas.
En la esterilidad rutila el odio,
la indefensión, el miedo, que no han sido
como la vida misma una falta de gusto
y su mejor historia.

En primer plano el cortinaje
de verdura, y siguiendo la elisión
de los pocos colores, una huida ilusoria,
gradación de los tonos, apariencia
de perspectiva y de profundidad
como en la doble serie de planos sucesivos
los decorados de teatro.
Y a un lado de la tela una fachada simple
de simétrico esquema; delicada armonía
de la fábrica y la naturaleza,
y en la penumbra de un boscaje
unos cuerpos desnudos.
                    Así el recuerdo ejerce
su innoble potestad: no rememora, elude.
Y confiere el carisma de su tristeza vaga

a los días perdidos, que cobran en la ausencia
una serena lejanía.
                    En una atmósfera de paz
unos cuerpos desnudos; para darles relieve
un ligero vestido que no vele sus formas
ni ofenda su color: una mancha granate.
Y despliega el recuerdo su gran artillería
con los cinco colores de su figuración
relumbrando a compás: bello Libro de Horas
hojeado al desgaire, siempre la misma página,
guijarros de zafiro, aguamarinas
en un campo de oro, miradores
sobre un fondo de azul, Vergel sin muros,
torres sin guarnecer, Ciudad Celeste.
Porque en cada milímetro
de piel una memoria
maquilla su ficción y en ella vive,
repinta su cadáver, atesora la inercia
de los fantasmas cotidianos,
convierte los recuerdos
en estampas piadosas, adecuadas
para dar nacimiento
a la ficción poética (¿Y no a la inversa acaso?)
Y los ojos, las manos,
cada palmo de piel atruena el aire
reclamando tu cuerpo; nada saben
de humillación, y sí de ausencia ahora.
Y su clamor parece
la más firme razón. La razón de la piel
y de los labios, cierta
contra la voluntad:

                          Tierra de Nadie.

Primeros días de Marzo en la paleta
de *Palma El Viejo*... Ambar
los campos de labor, o verde pálido
inundado de luz. Blanca la carne,
ingrávidas las formas,

irreal el color como una alegoría
(o quizá un retrato,
antes que el cuerpo olvide).
                          Y en la ficción del aire
y en su nítido trazo hay un signo de gloria.

PIERO DELLA FRANCESCA

Con qué acuidad su gestuario
pone en fuga a la luz, la verticalidad,
la insulación de las figuras inadecúa el símbolo,
hace abstracción del aire, censura de la flora,
sucumben los jinetes
al vértigo del tacto con su brillo.
No hay llaga, sangre, hiel: no son premisa.
Dormición de la sarga, crucifixión del lino;
última instancia del dolor celeste
angustia de la esfera, de los troncos de cono.
La geometría de los cuerpos
y la vaga insistencia de su enunciado único:
no hay hiel, la multitud
no es síntoma del mal, no es un signo del daño.

LAS RUINAS DE DISNEYLANDIA

Muchachita taimada (tan sin malicia) entonces,
propensa sólo a nuestros juegos lúgubres
por entusiasmo de recién conversa,
¿quién te reprocharía tu sumisión, no honrosa
a fin de cuentas, al glamour
del boyante cadáver exquisito
a quien todos sin duda hemos amado
alguna vez?
        O aquella
manía de extricar —la calavera lúbrica
de Man Ray mascullando entre tus senos

WAS IST DADA? WAS IST DADA? WAS IST DA-
                              [DA?—

la quintúplice forma de la vírgula.
Así pasamos muchas noches
caminando sin rumbo
por la arista sin fin de las palabras.

DISCURSO DEL MÉTODO

Thus have I made my own opinions clear:
yet neither praise expect, not censure fear:
and this unpolish'd, rugged verse I chose
as fittest for discourse, and nearest prose.

DRYDEN, *Religio Laici*, 451-4

En este poema se evitará dentro de lo posible, te-
[niendo en cuenta
las acreditadas nociones de «irracionalidad» y «es-
[pontaneidad»
consideradas propias de esta profesión,
usar o mencionar términos inmediatamente reco-
[nocibles
como pertenecientes al repertorio de la Lingüísti-
[ca; si se los usa será:
a) sujetándose a hacerlo de manera asistemá-
[tica, lo que se justifica
en razón de que quien pueda leerlos en su ver-
[dadero sentido
tendrá igualmente presente su contexto;
b) admitiendo que, en su valor operativo para
[los efectos de este poema,
es fácil que tengan, en la Estética tradicional
[o en el habla común,
equivalentes adecuados—
de este modo
se evitará la acusación de cientifismo y otras pa-
[recidas
y no resultará el texto mermado en su potenciali-
[dad poética
— aunque toda terminología especializada adquie-
[re, por su sentido arcano

323

y supuestamente preciso, un gran valor poético.
La carga poética resulta de la imprevisibilidad,
o dicho de otro modo: de la articulación dudosa
entre el plano de la expresión y el plano del con-
[tenido,
entre dos límites: la univocidad del significado,
que funde ambos planos en uno; y la completa in-
[certidumbre
que produce un mensaje caótico.
Llamaremos al primer vicio poesía de combate
o de algún otro modo igualmente heroico;
y al segundo no le daremos nombre: pensaremos
[en Artaud
y tonterías como *L'absurde me marchait sur les*
[*pieds* etcétera.
Cuando hayamos aprendido a evitar ambos vicios
recapacitaremos: cómo la mente humana
gusta de contemplar alternativamente lo concreto
[y lo abstracto
como antídoto a la hipóstasis de conceptos gene-
[rales,
y así concebiremos dos tipos de poema: uno «sin-
[tético»
fundado en la generalidad y el lenguaje que le es
[propio,
y que este libro llama «variación»—
otro «analítico» que explicita el detalle y arroja luz
sobre la variación; lo llamamos «figura».
Esta doble articulación de la expresión poética
es la llamada *Escala de Osiris* por el Neoplato-
[nismo florentino.

VARIACIÓN I

DOMUS AUREA

I

La sordidez es nuestro pan
se inserta entre los cuerpos como un huésped in-
y opera en sus volúmenes   [cómodo
la falsación del aire
o desdeña esos hurtos: es entonces
un archipiélago de dudas,
inquiere nuestro rostro, usurpa nuestro nombre
en cometer acciones honorables.
Parodia nuestros gestos a los pies de la cama,
dibuja el garabato de la carne desnuda
en que creemos estar vivos.
                              Es el gran escenógrafo
que cada amanecer pone en orden el mundo:
las fachadas, los arcos de triunfo,
los síntomas del miedo
que aplazan cada tarde las sombras con su abrazo
y que engulle la noche que no dura.
La sordidez es nuestro pan,
nos provee de odio y en él somos lenguaje
que sin embargo deteriora,
levantamos un muro de palabras
que al odio se reduce
y el odio deteriora; parodiándolo
nos envuelve en palabras como velos.
Envolverse en palabras como velos
para mitificar las figuras del odio

como las estaciones de la risa,
porque el discurso del fracaso,
la lucidez, la fantasmagoría,
son un arte de amar, tienen su método
como lo tiene el uso de la carne
cuando creemos estar vivos,
cuando desdice al odio,
con sus fabulaciones, la noche que no dura.
Como tiene su método
el léxico pomposo de las causas perdidas,
brillante como vanos los recursos,
los motivos, los temas
del lenguaje poético —sentimientos comunes
que recorren lo ancho de la tierra
y otros lenguajes deterioran: anuncios luminosos,
la propaganda de las estaciones
de invierno, los burdeles, las lavanderías—
y admitimos aquí
como materia propia del discurso poético.
La sordidez es nuestro pan,
origen del discurso que llamamos poema,
origen del discurso de la carne
en que creemos estar vivos,
envueltos en palabras como velos.
Odio, carne, poema: palabras como velos.

II

El discurso poético
fueran haces de signos surgidos en el aire,
emanación
de la presencia pura de volúmenes juntos
o colores o masas.
          Lo mismo que la nave
es ritmo por la doble pulsación de los remos

donde todo es presencia como el yute o el cáñamo
o el lino y la madera con sus triples argollas
y esa presencia es música.
                          Como a un lado del muro
las significaciones que afligen al poema
palpitan con su mugre, y más adentro
no destila el violín más que una forma
inmóvil en color y al escucharte ausente.
                                   Lo mismo que
    la roca
es una arista dócil a la mano
tan irreconocible que carece
de partes, a lo sumo es un color
extenso, que ante el mar no significa
y sonoro en las olas que no tienen historia,
no así el poema: viejos estandartes
llamados a contar siempre la misma hazaña
de iguales estaciones en progresión monótona
intentando la música que los cuerpos omiten
y enturbian las palabras con su fango:
no hay palabras ni cuerpos nacidos en el aire.

III

Qué hermosura los seres nacidos en el aire
no en el aire poblado de las grutas marinas
donde rasguean trépanos de algas
y amenaza el susurro de las bestias del fondo

ni en el aire batido del estrecho
inerme al remolino de las rocas gemelas
que recoge la imagen la sombra de las alas
pendientes en el cielo y son materia,

o el aire de las cumbres
que inexpugnan los ecos sin orilla
y ve la sucesión de sombra y luz;
luz y sombra son cambio: son materia.

No el aire que colores intercalan
a las evanescencias de su arco,
investidura dócil de sentido
que el païsaje asume, y es saeta

como el aire evadido a las minas de sal
desconoce el derrumbe de las hojas
pero lame en los pozos escalas de color,
color inmóvil, gélido: materia.

No el aire de los ríos subterráneos
que no turba color ni luz entibia
pero ultraja posibles en su peso
un contrapunto de invisibles gotas

o el aire encanecido de las criptas
donde el azogue espejos deteriora
que reflejan esferas y encajes de cristal;
feliz inanición que el polvo omite.

Aire no que no abole la distancia,
el sonido, el color y las pirámides
de luna en que se finge la quietud
y es materia.
            Nacidos en el aire.

PALABRAS DE TERSITES

Esa carcasa ocre es Helena, la gracia de la nuca
aureolada de cabellos traslúcidos.
Los que la amaron son inmortales ahí, en la tierra
[inverniza
o bien envejecieron con una pierna rota
dislocada para mendigar unos vasos de vino —
y yo, el giboso, el patizambo, me acuerdo algunas
veces
de la altivez biliosa de los jefes aqueos
considerando la pertinencia del combate,
inspiración segura de algún poema heroico
cantor de esta campaña y su cuerpo de diosa:
polvo para quien no la amó, sus versos humo.

Es la decrepitud lo que enciende esta guerra.

EUPALINOS

Luego —decís— la contemplación de ese mengua-
[do tesoro
le niega la vida real—.
                            Más bien él la convierte,
de propia elección, en un estercolero,
propiciado por tal epistemología de la basura;
en efecto, la contempla como desde una altura
[excesiva,
con supresión de todo oído y tacto,
veía Fabrizio pasar los bueyes de reata,
abejas de oro sobre las páginas de un salterio,
con ese color miel pulido por la distancia;
la contempla para irle robando como un entomó-
[logo de opereta
imágenes ligeras y fantasmas aéreos,
fragmentos de porcelana, alfileres, medallas, los
[cuales
son, mucho después, en la soledad de su mente
una vida de mayor alcance.
                            En la tumba de Hatshepsuth
se encontró entre el ajuar funerario
una veintena de granos de trigo
con aptitud germinativa.
                            Eupalinos
alzó su templete redondo sobre cuatro columnas,
imagen matemática de una muchacha de Corinto:
no cuestiona él la legitimidad del procedimiento
puesto que no se le alcanza ninguna alternativa
[posible
pero obtiene con ello mayor nitidez
en las imágenes (y una mayor gratificación afec-
[tiva,

pues les da mayor nitidez)—

                              existencia
equivale a gratificación afectiva
acompañada de mayor nitidez—

                    ordena el caos
de la vida real, tan inferior a su memoria,
le confiere sentido y mayor nitidez.

Leopoldo María Panero

Leopoldo María Panero, nació en Madrid en 1948. Estudios de Filosofía y Letras.

OBRAS PUBLICADAS

Poesía:
   Por el Camino de Swan, Málaga, 1968.
   Así se fundó Carnaby Street, Barcelona, 1970.
   Teoría, Barcelona, 1973.
   Narciso, Madrid, 1979.
   Last River Together, Madrid, 1980.

Traducciones:
   E. Leard, El ómnibus sin sentido, Madrid, 1973.
   L. Carroll, Matemática demente, Barcelona, 1975.

Narrativa:
   En lugar del hijo, Barcelona, 1977.

Como antólogo ha preparado, y traducido, una antología de Cuentos de terror angloamericanos (Madrid, 1977), así como prólogos a ediciones del Marqués de Sade y de Dylan Thomas. También ha colaborado en la película El desencanto.

Los poemas aquí reproducidos han sido extraídos, los seis primeros de su libro Así se fundó Carnaby Street, y el resto de su libro Teoría.
La poética es la misma que publicara en la antología Nueve novísimos.

POÉTICA

El siguiente personaje que sale a escena soy yo: dibuja ahora el escorzo de un comedor de opio con su pequeño «recipiente de oro de la maléfica droga» posada sobre una mesa cercana. En él puedes poner un cuarto de láudano color rubí. Todo esto junto a un texto de metafísica alemana justo al lado: mi cercana presencia estará así suficientemente demostrada.

THOMAS DE QUINCEY

(De Hortus conclusus)
Peter Pan. Garfio

GARFIO.—Vivo dentro de la fantasía paranoica del fin del mundo y no sólo no quiero salir de ella sino que pretendo que los demás entren en ella. Todas mis palabras son la misma que se inclina hacia muchos lados, la palabra FIN, la palabra que es el silencio, dicha de muchos modos. Porque es un FIN que incluye a todos en la única tragedia a la que sólo se puede contemplar participando en ella. Es la tragedia convertida en absoluto y por consiguiente desaparecida.

Es la muerte que desaparece

Vivo bajo la sola protección de una idea: el muro de lo absoluto es para mí una enfermedad o excepción que a todos incluyen. Se trata siempre del fin en la tragedia, pero cuando este fin es el sueño del fin universal, la tragedia trata en él de ser plenamente.

Es un crepúsculo activo: *un asesinato.*

HOMENAJE A DASHIELL HAMMETT

Visite Hong-Kong. La droga. Las revueltas callejeras. Las callejas. Aguardar la muerte en un restaurante de lujo. Los disparos, el estrépito de mesas y sillas. Los gritos, las carreras, El cielo alto, azul. ASÍ ACABÓ LA BANDA MORÁN. Las fotografías, La nieve.

GO DOWN, MOSES

Qué había ido a buscar allí. Todo estaba en silencio. Inventó tesoros, trazó mapas y concibió innumerables proyectos de viajes. Y ahora, nuevamente lo tenía ante él, el lago, sin niebla. Los sargazos. Las sirenas. Los barcos encallados en las rocas. No era un lago, un inmenso tembladeral sombrío. Las Tablas de la Ley.

LA METAMORFOSIS

La tierra le dio su cálido abrazo. Por sus venas la sangre ya no fluía, no tenía alma, pero sí más fuerza que nunca. Quien sabe lo que sería. Un árbol, o una roca. De vez en cuando el graznido de un cuervo, en el bosque, o un ruiseñor que se posaba silencioso sobre sus ramas. Cada dos o tres años, el calor de una mano.

UNAS PALABRAS PARA PETER PAN

> «No puedo ya ir contigo, Peter. He olvidado volar, y...
> Wendy se levantó y encendió la luz: él lanzó un grito de dolor...»
>
> James M. Barrie «Peter Pan»

Pero conoceremos otras primaveras, cruzarán el cielo otros nombres —Jane, Margaret—. El desvío en la ruta, la visita a la Isla-Que-No-Existe, está previsto en el itinerario. Cruzarán el cielo otros nombres, hasta ser llamados, uno tras otro, por la voz de la Señora Darling (el barco pirata naufraga, Campanilla cae al suelo sin un grito, los Niños Extraviados vuelven el rostro a sus esposas o toman sus carteras de piel bajo el brazo, Billy el Tatuado saluda cortésmente, el señor Darling invita a todos ellos a tomar el té a las cinco). Las pieles de animales, el polvo mágico que necesitaba de la complicidad de un pensamiento, es puesto tras de la pizarra, en una habitación para ellos destinada en el número 14 de una calle de Londres, en una habitación cuya luz ahora nadie enciende. Usted lleva razón, señor Darling, Peter Pan no existe, pero sí Wendy, Jane, Margaret y los Niños, Extraviados. No hay nada detrás del espejo, tranquilícese, señor Darling, todo estaba previsto, todos ellos acudirán puntualmente a las cinco, nadie faltará a la mesa. Campanilla necesita a Wendy, las Sirenas a Jane, los Piratas a Margaret. Peter Pan no existe. «Peter Pan, ¿no lo sabías? Mi nombre es Wendy Darling». El río dejó hace tiempo la verde llanura, pero sigue su curso. Conocer el Sur, las Islas, nos ayudará, nos servirá de algo al fin y al cabo, durante el resto de la semana. Wendy, Wendy Darling. Deje ya de retorcerse el bigote, señor Darling, Peter Pan no es más que un nombre, un nombre más para pronunciar a solas, con voz queda, en la habitación a oscuras. Deje ya de retorcerse el bigote, todo quedará en unas lágrimas, en un sollozo apagado por la noche: todo está en orden, tranquilícese, señor Darling.

BLANCANIEVES SE DESPIDE DE LOS SIETE ENANOS

Prometo escribiros, pañuelos que se pierden en el horizonte, risas que palidecen, rostros que caen sin peso sobre la hierba húmeda, donde las arañas tejen ahora sus azules telas. En la casa del bosque crujen, de noche, las viejas maderas, el viento agita raídos cortinajes, entra sólo la luna a través de las grietas. Los espejos silenciosos, ahora, qué grotescos. Os echaré de menos, nunca os olvidaré. Pañuelos que se pierden en el horizonte. A lo lejos se oyen golpes secos, uno tras otro los árboles se derrumban. Está en venta el jardín de los cerezos.

CAEN AL RÍO LOS BATELEROS DEL VOLGA

A la mitad del río, seguidos por los gritos
centelleantes de espantados niños,
cayeron al Volga sus bateleros.
Suavemente la luna se posa
sobre las copas de los árboles,
y el croar de las ranas añade silencio a la noche.
Se deslizan las ratas a través de los viejos raíles,
malecones abandonados, deshabitados puertos.
Seguidos por los gritos
como relámpagos en el aire sereno
de marineras de lodo salpicadas para siempre,
cayeron al Volga sus bateleros.

EL CANTO DEL LLANERO SOLITARIO

There are almost no friends
But a few birds to bell what you
have done

LOUIS ZUKOFSKY

I

Verf barrabum qué espuma
Los bosques acaso no están muertos?
El libro de oro la celeste espuma los barrancos
en que vuela una paloma

en el árbol ahorcado está el espejo
palacio de la noche, fulgor sordo
a las ondulaciones peligrosas
voracidad se interrumpe y el silencio nace
vaso de whisky o perlas
(y en resplandor la penumbra envuelta)
                                          las hadas
dulces y muertas sus vestidos sin agua
M preguntó a X
X no le respondió

la masa de un toro queda anulada
por la simple visión de sus cuernos
cubiertos de nieve: montañas
a las que el ciervo va a morir
cargado de toda su blanquez
                              los fantasmas no aúllan

—Y

:
peces color de cero absoluto

O bleu
        en un lugar vacío me introduje
estaba oscuro hasta que ya no hubo luz
soledad del anciano, tacere é bello.
Verf barrabum qué espuma

                                reencarnación
en lo dorado de mi pensamiento
                                        Alicia
                                        Verf berrabum
qué hago
            ves la espuma inmóvil en mi boca?
aquí solo a caballo Verf barrabum qué
hagoaliciaenelespejoven
aquí a mi palacio de cristal: hay ciervos
cuidadosamente sentados sobre alfileres
y es el aire un verdugo
impasible. (Tacere é bello Silentium

                                        Verf
qué hago muerto a caballo

                                        Verf
alto ahí ese jinete que silencioso vuela
contrahecho como un ángel:
caen del caballo todos los jinetes
                y la cigarra: $\alpha\pi\alpha\theta\eta\varsigma$
                en el verde que tiembla
                luz que de la inmovilidad emana
                luz que nada posee
y el enmascarado usó bala de plata
punteó la tiniebla con disparos
                                        y dijo:
a) fantásticos desiertos los que mis ojos ven
b) barrabum: bujum
c) la llanura muy larga que atravieso
con la sola defensa de mi espalda
d) mi mano no es humana

340

II

esplendor de cristal en la llama de una vela
Osiris muerto es sólo tres al cubo
yaciendo en la oscuridad (oscuridad de piedra)
Snark
destruye a Bujum
(con su plumaje afilado a la manera
de un cuchillo, con sus uñas separadas del cuerpo,
con
sus dientes sagaces que ya no mastican carne humana)
Snark = Verf (y ya no barrubum)
la sangre de Carlitos
está en la pared secándose
(tiene un perro muy fiel de granito)
la sangre de Carlitos
Verf
pero en especial su aliento amarillo
la enfermedad es aún movimiento, pero la mía
está inmóvil
indecisión y la mía es firmeza
arde en la noche un rancho
en la soledad invernal las
cabalgatas en el desierto
llueve en el invierno, la oscuridad es un círculo
por el laberinto de la máxima destrucción
sortijas de oro en el crepúsculo
dice el pájaro: sígueme
ese bosque no acaba ni empieza
en donde estoy perdido
extraviado en una claridad
esa montaña de la que no hay retorno
tiranía de la nada

«No hay acontecimientos personales» decía E. H.
mientras los hongos crecían a sus pies
laberintos de nieve realidades sin peso
castillo
            Verf
                y no Bujum.
Pompas de jabón en tabletas
Verf
animales de contornos mágicos
vide Carroll
(el huevo con rostro humano) the rain
in the plain bajo el sol las cadenas
el sepulcro de Sitting Bull
los pájaros
que no existen
el manicomio lleno de muertos vivos
el manicomio lleno de muertos vivos
el manicomio lleno de muertos vivos
Estas flores son cadenas
y yo habito en las cadenas
y las cadenas son la nada
y la nada es la roca
de la que no hay retorno
(mas si no se ha vuelto es porque tampoco
nunca se ha ido) y la nada es la roca
la nada es música
de la que no se vuelve
una pastilla de jabón venenosos arcángeles
y Fedor Tiutvec sonreía
en una niebla incierta, también llamada Verf
barrabum qué espuma
golpeará después los huesos de mi boca.

PASADIZO SECRETO

Oscuridad nieve buitres desespero oscuridad nueve buitres nieve
buitres castillos (murciélagos) os
curidad nueve buitres deses
pero nieves lobos casas
abandonadas ratas desespero o
scuridad nueve buitres des
«buitres», «caballos», «el monstruo es verde»,
«desespero»
bien planeada oscuridad
Decapitaciones.

LE DERNIERE VOYAGE DE NAPOLEÓN

Se trata de un llano ondulado en el punto de separación de las cuencas del Dyle y del Senne, dos
ríos del Brahante. Desde Geneppe hasta Wavre,
el Senne recorre un trecho de unos 20 kilómetros
encajonado entre capas alternativas de granito y
piedra calcárea, y atraviesa los bosquecillos de
Cour Saint-Etienne. A menos de 10 kilómetros
antes de Wavre, desemboca en él por la izquierda
un riachuelo procedente del barranco en cuyo borde está situada la aldea de Maison-du Roi

Maison du Roi
y la nieve
depositada en las almenas

¿no era aquello una victoria?

HOMENAJE A CATULO

«quia, ut dicitur, osculant posteriora catti»

ALAIN DE LILLE

El culo de Sabenio está cantando
está cantando y ya no es
el vibrar de las serpientes
(allí) sino recogimiento y muerte
y muerte:
El culo de Sabenio está cantando
en soledad dulce y absoluta: el culo de Sabenio
devora en su redondez al viento
y el triángulo emana duros troncos
non unquam digitum inquinare possunt
como el invierno triste y absoluto
                                        seco y frío
                                        purior salillo est
más puro que la sal, no espera
en su carencia de tiempo se aligera
vivo sólo por el falo, existiendo sólo por él
espejo que no sabe ser solo
pese a su irremediable soledad.
(oh, yo, Sabenio amo tu triángulo
restrinjo amor, sitio del excremento [1]
donde reinan las hadas espumosas
cuyo aliento me enferma los venenos viscosos
                                        Gaius
alegre en el abismo, alegre en el suicidio
joy of nothingness: alegre en el suicidio cattus

---

[1] Juan Ramón Jiménez: «el amor es el lugar del excremento».

Oh, yo, Sabenio, amo tu triángulo
que arde en fuego terrible hacia la nada (joy)
nada es la alegría
la alegría es la nada
y en ese oscuro túnel
que es tu culo, Sabenio
                              oignon
dormiremos despiertos en la estéril visión
en ese oscuro y claro culo
despiertos para el cuchillo
en ese oscuro túnel.
                    Y los árboles (duros troncos)
servían de fundamento al cielo
aborrecidos diamantes excrementos
terribles y separados del mundo
                              (besa este culo)

Y las sirenas bordando la noche sin ojos

MACO

Tú que con rosas en el bul no lloras
que habitas en el tigre, mar que es tu consuelo
que en el tigre celebras tu monólogo duelo
mirado por los monos con recelo
tú que con rosas en el bul no lloras
tú que estás blanco en la penumbra, y muerto
pipa: pistola, falo, imbécil tú que adoras
tú que estás blanco en la penumbra, y muerto

del oscuro cafisio levantas el velo
y con la blanca mano siembras las esporas
enterrado en marrón en un horrible cielo
sólo tú, nieve verde, sólo tú molas
el patio en que pasean las monjas que no lloran
alerta está, en espera, y en su horrible cielo
yo jiñaré un cándido asfodelo
ils matent las puertas cerradas el velo
para morir prefiero este horrible cielo
adonde nunca llegarán tus quejas
para morir prefiero este horrible cielo
(y mientras pasma vigila el enorme sombrero
el chota quiebra el muro, y escapa
del agujero.

MARQUÉS DE SADE

Murió en Sicilia, a la edad de veintisiete años [1]
un nombre y la apariencia de un cuerpo
(sin alma en el cuerpo moría en juego rojo
espuma por la boca, húmedos sonidos
y una calavera presa entre las sábanas
el tema punzante resistiendo a la palabra
y expresado como silencio, como vacío en el texto
hinchazones, crepúsculos sobre la cama
mientras se desvanece el falo en una embriaguez
[de plomo

---

[1] «Murió en Sicilia a la edad de veintisiete años».
Cavafis.

Luis Alberto de Cuenca

Nació en Madrid el 29 de diciembre de 1950. Estudió Derecho y Filosofía y Letras en la Universidad de Madrid, doctorándose en Filología Clásica en 1976 con una tesis sobre Euforión de Calcis, poeta y erudito helenístico. Desarrolla su labor investigadora en el Instituto «Antonio de Nebrija», del C.S.I.C.

OBRAS PUBLICADAS

Poesía:

Los retratos, Madrid, 1971.
Espejo del amor y de la muerte, Antología, Madrid, 1971.
Elsinore, Madrid, 1972.
Scholia, Madrid, 1975. Nueva edición aumentada en Barcelona, 1978.

Traducción:

Chrétien de Troyes: Lancelot. (En colaboración con Carlos G. Gual), Barcelona, 1976.
Lais de María de Francia, Madrid, 1975.
Euforión de Calcis, Madrid, 1976.
Calímaco: Epigramas, Granada, 1979.
Guillermo de Aquitania y Jenfré Rudel: Canciones completas. (En colaboración con Miguel A. Elvira.) Madrid, 1978.
Eurípides: Helena. Reso, Madrid, 1979.

OTRAS OBRAS

Necesidad del mito, Barcelona, 1976.
Pérez Zaragoza: Galería fúnebre de espectros y sombras ensangrentadas. Prólogo y edición de Luis Alberto de Cuenca, Madrid, 1977.
Museo, Barcelona, 1978.

Es asiduo colaborador de las revistas *Prohemio, Cuadernos Hispanoamericanos, Estudios clásicos,* etc.

Los poemas aquí editados pertenecen al libro *Elsinore,* excepto los cuatro últimos que forman parte de *Scholia.*

POÉTICA

Hace ya siete años que vio la luz mi primera lucubración teórica sobre la poesía. Se llamaba Praestanti corpore tremor, e iba presidida por una cita de Meleagro. De algún modo esa cita representaba entonces para mí todos los conceptos poéticos, y continúa haciéndolo ahora.

Como nadie recuerda aquel primer vagido tembloroso, repetiré aquí las dos palabras del poeta de Gádara: πότνια Νύξ. Ellas son el resumen, la cifra, el símbolo de mi poesía.

Antes solía estremecerme a menudo y con cierta intensidad, e incluso creo que llegué a ver completa alguna cinta de Visconti o de Bergman (pero esto último es mera suposición, pues aún conservo un pulso normal y una inteligencia despierta). Casi he olvidado aquellos años, aunque permanezcan en mi memoria los nombres de algunos de los personajes que los poblaron: Alberto Magno, Heráclito, Val de Thule, Ambrose Bierce, Wilhelm Hauff, Emily Brontë, Manuel Machado...

Otras veces pienso que, en realidad, no he tenido tiempo de olvidar, todavía, nada, y que todos los personajes, no sólo algunos, siguen en sus vitrinas hoy como ayer, los mismos de siempre. Cary Grant está, por ejemplo, y también Caspar Stieler, Hedy Lamarr, Rudyard Kipling, Clara Reeve, Ernest Hornung y John Webster.

Escribir es algo aburrido, poco elegante; una actividad proclive al analfabetismo. Me refiero al presente, claro está, porque en el pasado, hace siglos, hace sólo cien años, escribir era una tarea infinitamente más sabia, más elegante y menos aburrida.

Entre las cosas agradables que todavía están y no se han ido ni, probablemente, se irán, puedo distinguir con nitidez a John Wayne junto a Moritz von Schwind, a David Griffith conversando amigablemente con Ray Moore y con Friedrich Wilhelm Murnau. Un poco más arriba, pensativo entre las altas ruinas de sus runas, se encuentra Juan Eduardo Cirlot. Otro grupo lo forman César Cantú, Lord Tennyson, Oswald von Wolkenstein y Lillian Gish. Allá, en lo más profundo del escenario, se divisa, como en un sueño, la silueta esbelta de Tasso y el perfil estrambótico de Optaciano Porfirio.

Seguiré siendo un marginado mientras me sigan fascinando los nombres propios. Acaba de morir Howard Hawks, y tengo un nudo en la garganta.

Hay algo que los intelectuales llaman Nuevo Cine Alemán. ¿Puede alguien decirme qué es con exactitud? Se trata —creo— de una especie de conjura internacional para convertir en derrota la victoria de Teutoburgo, vestir de bailarina a Fritz Lang y abusar del cadáver de Stefan George o de la ingenuidad de Lohenstein. Algo terriblemente original.

El hecho de que la gran ciudad se vaya poniendo inhabitable es algo que no me disgusta, como no me disgustan las chicas figuradas en las pinball machines, ni las películas de Milius con Warren Oates o Connery, ni los guiones de Dash Hammett para el pincel heroico de Alex Raymond.

«No basta, pues, el brillo tornasolado de las copas britanas, ni el contacto suavísimo de una mejilla femenina con el pecho de bronce del guerrero. Es hermoso también conciliar en nuestro pensamiento la lluvia con la sed, como hacían los antiguos germanos, y vivir con Dionisio Areopagita los instantes aterciopelados del martirio, cuando, despojado brutalmente de su macferlán y sus botines, se dispuso a sufrir hasta la muerte, víctima de su fe. Otras mitologías, Mesopotamia aparte, deben ocupar buena parte del tiempo de un juramentado. Pienso en los laberintos agridulces del amor, su comitiva de secretos, el cosmos kitsch de las verdades absolutas...»

De la importante obra filosófica de Ludwig Wittgenstein sólo he logrado interesarme por una frase, una frase que, como el texto entrecomillado del párrafo precedente, ya figuraba en mi Praestanti corpore tremor:

(Wie im Märchen die zwei Jünglinge, ihre zwei Pferde und ihre Lilien. Sie sind alle in gewissem Sinne Eins.)

De algún modo esta cita es también, como aquélla de Meleagro, una imagen textual muy ajustada de lo que entiendo por poesía, pero también de lo que entiendo por amor, por coraje, por amistad, por Juego.

EVOCACIÓN DE FRANCISCO SALAS,
COSMÓGRAFO

Cortó una rosa negra en el hipódromo de
Longchamp.

No olvidaste jamás la impenetrable claridad de
[aquella tarde
Llovía y navegaban hacia el Sur los navíos con al-
[go de tristeza en las miradas
las cariátides de proa suaves y melancólicas como
[una antigua canción
y las vinosas llanuras del recuerdo en la voz ás-
[pera del contramaestre

Tierra firme y rojiza patíbulos hirsutos fortalezas
[insomnes de Basse-Terre
como espectros surgidos de la más ambiciosa
[*ghost-story*
alineados delfines disciplinadas orcas en el pulcro
[despacho de Levasseur
y un viejo cielo añil entreverado de ángeles *voodoo*

Te alimentabas de cazabe y de naipes entonces
revolvías en tu cabeza la idea del suicidio
y el deseado cargamento de mujeres francesas no
[llegaba a alcanzar las costas de tu isla

Amigo de los desolados octubres
pensabas un acantilado de esquirlas azuladas y de
[secretos
rumbo a Jamaica todos los hombres son iguales
arabescos de encaje en las camisas de lino puro
desnudo el pecho selvático risueño el corazón

353

la furia de los vientos apresada en el istmo por
[argonautas holandeses
sobre lujosos alambiques marinos destilando la
[Historia

Dibujaste simbólicos desdenes de piedra de cristal
ensenadas umbrías altivos promontorios de silen-
[cio
era triste el lamento de tus pinceles en la bahía
como una expedición a Maracaibo sable desnudo
[pólvora
ese antiguo clamor resucitando la belleza del ins-
[tante
con la fatalidad de los oráculos imprevistos

Apenas llego a distinguir el perfil de tu críptica
[escritura
no hay patente de corso que permanezca siempre
el timón acelera los pulsos de tus sienes
sólo queda morir de fiebre o de alegría en las he-
[ladas playas del misterio

EL CREPÚSCULO SORPRENDE A ROBERTO ALCÁZAR EN CHARLOTTE AMALIE

Hermanos de las sombras

El Cairo Puerto Príncipe como efigies o dársenas
propiciadas al mar Buenos Aires Juneau no siento
[ya las venas
lisez, persecuteurs, le reste de mes chants
Roberto una flamígera sombra en los cafetines
vestigios de heroína en las naves de Charlie
murió feliz el ciervo con guirnaldas azules con es-
[pejos
reflejando sus ojos para siempre en el escudo ter-
[so de la aurora

Presbíteros de Esmirna, titilantes astrólogos del
[Etna
como si Jack os viera desistís en un tango de co-
[lores ajados
Svimtus al acecho en la selva del Soho
dos tigres malheridos el *pick-up* en la alfombra
y Kaiba, la sonrisa, esa piel adornada con tafeta-
[nes de oro

Llevan *short* las muchachas en el Alto Amazonas
las cráteras vacías el singular acento del deseo
es una blusa roja mi alma desgarrada por pante-
[ras en Java
cara al sol esos jóvenes rubios como el desierto
hot-jazz en la distancia, embalsamadas voces en
[la noche:
E! Durendal, cum' iés e clere e blanche!

355

Pálidos maniquíes de Burne-Jones, luz, sombreros
[de copa
bésame las gardenias blanquean tus sangrantes
[ojos dobles
qué terribles presagios llamad al hierofante
descubrí tu secreto, Dick Flowers, tu máscara de
[goma, tus coturnos
fue en Doomsday, color fucsia Roadtown, y en los
[parterres
Jesús reconvenía los pórticos del agua con pala-
[bras dulcísimas

Tras el rosado vidrio de las copas heladas
los labios de Roberto parecían anémonas resueltas
[a no morir jamás

SOUTH WABASH AVENUE

Howard Hawks

Los aurigas flemáticos conducen sus berlinas
duales entre alondras y berbiquíes húmedos
un adusto censor de libros y milagros
recupera su alfombra de palabras dormidas
el humo de la tarde las metralletas Thompson
el asfalto cobrizo los caballos de plomo
todo ese firmamento conyugal de girándulas
sindicando la muerte con guantes perfumados
y meretrices rubias de mirada lejana

Consumir a las doce tu cuerpo macerado
y abrirse paso a tiros en un alba de sangre
apagar cigarrillos en tu pecho de esfinge
y morir en la cruz de sed y de hipocondria
my swell broad mi licor mi revólver mi noche
bajo el doble chaleco tiembla mi corazón

En el *crack* de tus ojos habita la nostalgia
once balas bastaron huyamos a Wisconsin
quédate un alfiler de corbata en la lengua
diamantes y torneos oh sálvanos New Deal
la espuma te ha creado reina de la belleza
Rowena maquillada con pinceles de Siria
derramad este pomo de alabastro en sus manos
qué matanza celeste la sala de trofeos
Sir Arthur Conan Doyle no volverá a New York

Una paciente iguana descansa entre tus piernas
acudid tengo miedo de su abismo dentado
no veo más que sangre desde North Clark Street

si el lotófago sueña países lupercales
dadle un ramo de olivo jabón en las pupilas
en el baño tu cuerpo parece aún más feroz

Mas al cabo se ha ido no sirve la automática
ni el golf crepuscular ni el mastín adiestrado
color de corazones se apresura Colosimo
envejece la luz en tu piel de marfil.

PASIÓN, MUERTE Y RESURRECCIÓN
DE PROPERCIO DE ASÍS

> Lo que passò ya falta; lo futuro
> Aun no se vive; lo que està presente,
> No està, porque es su esencia el movi-
> [miento.

GABRIEL BOCÁNGEL

Sombras, Propercio, sombras, gavilanes
oscuros, imprecisos, niebla pura,
cincha, brida y espuela. No profanes
el mástil del amor, la arboladura

del deseo, la ofrenda de los manes,
con la triste verdad de tu locura,
cosmética, veneno, miel, divanes,
y el perfume letal de la lectura.

Conocerás un puente de cuchillos,
la brisa del instante, el terciopelo
remoto como el torso de una diosa.

Sudor frío de muerte, tenues brillos
de Cintia envuelta en luminoso velo,
y, al fin, la permanencia de la rosa.

GERMANIA VICTRIX

Vare, Vare, legiones redde!

Los delgados aromas del placer sus bitácoras
vacías nada supe del viento y sus promesas
un sartal de jazmines en tu frente de ónix
la *Vulgata* en los labios el Norte en las pupilas
son tan bellas tus manos como un halcón real

Te dudo las inmensas planicies del deseo
el zigurat de sangre que levantan tus ojos
amor helado amor fuego en las catedrales
mujeres en el templo de las puertas de bronce
sacrificios humanos descansa corazón

Mi amiga es una perla disuelta en vino rubio
bélica está mi alma su zócalo de mármol
las torres de silencio que guardan los cadáveres
legiones inmoladas revólveres perdidos
en el trascoro tibio de un paisaje infernal

Volver a Teutoburgo con tu efigie sagrada
con la toga purpúrea de las solemnidades
un reloj en las sienes los dioses de la noche
conjurar la desgracia con la magia de Cristo
fortaleza del trono sepulcro del dolor

Mi caballo es un nido de irisadas serpientes
nictosauro de sombra corola de tiniebla
un escualo y su entorno de luces apagadas
no abandona su vaina la espada de los triunfos
el agua de tu cuerpo me impide ver el mar

La bruma su coraza de voces inconcretas
el filo de los jades las *kenningar* del miedo
látigos o plegarias insectos perfumados
la selva y sus pianos de seda o de azabache
pentámetros de amor en tu piel de visón

Todo un martirologio de flores tu mirada
dardos en la piscina turbia de tu cabello
chambelanes o damas de honor en las mejillas
oh pómulos de Varo perfiles de su muerte
siluetas temblorosas de un combate nupcial...

WHAT YOU WILL

O! swear not by the moon, the inconstant
　　　　　　　　　　　　　　　　[moon,
That monthly changes in her circled orb,
Lest that thy love prove likewise variable.

ROMEO AND JULIET, 2.2.109-11

Había reptiles en los ojos de Baudelaire
tú estás poblada de atlas y de abanicos
qué bella eres cuando recitas a George
Das neue Reich o un soneto de *Hymnen*
qué bella eres cuando no lo recitas
pareces un color o un poema sobre nereidas
sabes como la crema como el azúcar
como un desayuno de Sherlock Holmes

Déjame regalarte mi pértiga de oro
así regresarías a la Ínsula Firme
si yo fuese Pericles tú serías Aspasia
tendrías en el busto cariátides y palomas
te dibujo quemando incienso con un velo
—siempre me ha fascinado el Trono Ludovisi
tú corriges el trazo (la muchacha velada
se parecía demasiado a Judy Garland).

EL CABALLERO, LA MUERTE Y EL DIABLO

ALBRECHT DÜRER

He aquí el antiguo caballero de la rosa y el triunfo
príncipe de los labios que sugieren la duda o la
[sonrisa
he aquí el irreprochable señor de las victorias
caudillo en las batallas más azules
portador del emblema sagrado de la raza
en el palor de brumas conductor de los pueblos
en la brasa del odio y la conquista

He aquí los laberintos de carcoma
la sed de los atletas derrotados
el cuervo de las simas inferiores
la Discordia sangrienta
los *carmina* volubles que doblegan las alas del
[Misterio
y conducen su pecho adolescente hacia una escla-
[vitud de polvo y sombra
la enfebrecida sierpe del Imperio en el árbol mal-
[dito de la Sabiduría
nunca más para siempre mañana tal vez desde sí
[hacia dónde
los ángeles de Pacher Konrad Witz el recuerdo co-
[mo un hacha de fuego
ilumina la estancia débilmente del trono fugaz-
[mente oscurece
el tránsito del viento por los patios helados
detener con escudos nobiliarios los pasos enjoya-
[dos de la Muerte
con poderosas lanzas abatir el Infierno sepultarlo
[en el mar

361

Mas he aquí la tiniebla de las enredaderas y los
[magos
el sepulcro tu espada las mujeres que amaran la
[seda de tus ojos
la furia incontenible de tus noches la cruel im-
[postura de tus besos
las doncellas germánicas de nombres infinitos
todo lo que conjura o desvanece la dorada zozobra
[de tu cuerpo desnudo
y asevera— distiende las palomas de Nürnberg—
ser la palabra si el dolor existe
como yugo dulcísimo veneno en la copa esmalta-
[da de los dioses

MUSEO BIZANTINO

Cette hantise d'un empire universel...

Louis Bréhier

Manuel Tzanes, tú fuiste dado a luz por una diosa
en una cumbre de la Hélade. Tu padre fue un
orfebre. Tu agreste infancia labios de mujer y
un volumen delgado que hablaba de la Vida, de
los tiernos ardides que idearan los hombres *ab
initio* para eludir la muerte.

Juan el Evangelista era muy bello. El anciano de
Patmos fue adolescente un día. Y en su carne
marchita cabalgaban jinetes de tiniebla, sangre
que fuera soledad, distancia, o llagas en los
ojos.

El águila, la cera de sus manos, la pluma de ave
abrupta y extinguida, un rumor de salmodias
enhebradas con unción y esperanza, brindando
a la conciencia alguna paz, veneno salvador,
memoria de ceniza o lira rota.

Qué mester bizantino de eternidad, qué luto albo-
rozado clausuró tu mirada, Manuel Tzanes. Qué
severo cicládico, qué minoico reciente te envol-
vía, laberíntico apóstol, trastornando su línea
en tu sepulcro.

Toda Grecia ante ti: Constantinopla altiva, Asia
Menor, las Islas. Y Creta, sus palacios, sus delfines, sus grifos fabulosos. A lo lejos Venecia,

363

cortesana y sonora, en tu paleta virginal de húsar de la reina o de guardia de corps.

Preferible es pensarte devorando el espacio sagrado de Hagia Triada, imaginarte en Cnossos o en la gruta de Psicro segado por el hacha doble de los verdugos palatinos.

No alabo sólo tu caligrafía, los siglos de grandeza que fundías, la esmerada cultura que te ornaba, el trazo de los pliegues, la elegancia de los fondos dorados, las columnas corintias del entorno, la majestad de la expresión, el halo misterioso que los elfos dibujan sobre tu sepultura.

Es tu indolencia verde pálido, la hoguera de tu cuerpo entre frutales, el increíble escorzo de tu sueño más allá de Venecia, de Candía, más allá del olivo, de los talles escuetos como leves peciolos, de las rapiñas de los almogávares, de un Minotauro reflexivo y un monarca de naipe o galería interminable, de Nicéforo Focas o Miguel Cerulario, del cofre alado de la Historia.

Para siempre tu luz, tu Dios y tus pinceles, Manuel Tzanes. Desde una tarde helénica imposible, desde Ana Comnena y su *Alexíada*, desde el Porfirogéneta, desde la *Biblioteca* de Focio el patriarca, siento tu corazón como una exedra precipitada en todos sus empujes hacia la luminosa cúpula de mi alma.

TRES MOMENTOS EN LA VIDA DE NINO, PRÍNCIPE DE ASIRIA

Pequeñas digresiones o naufragios
Plegad plegad las velas

Un arpa azul incienso seda límite
En Egipto: la cima del sol la lluvia roja

Babilonia Semíramis
Los onagros en celo de tu vestido de agua.

AGAG DE AMALEQ

I Sam, 15.1-35

Agag, rey de Amaleq, fuerte guerrero,
recién vencido —y perdonado— dijo
para sí, arrodillando las palabras,
como quien rinde culto a la derrota:
Se alejó la amargura de la muerte.
Poco tiempo después, la daga curva
de Samuel trazaría en sus costados
el signo de la cólera divina,
profuso manantial de sangre noble.
Y del brillo inmortal de aquella frase,
solemne funeral de la esperanza
y de la fe, no quedarán destellos
en las antologías: todo es humo.

LA DAMA DE BOSTON

Aquella vieja dama del estólido Boston
—el rictus de moaré, las manos de penumbra—
triste expone a la noche la prisión de sus labios
(alacranes dormidos tiemblan en las alcobas
soñando su marfil en tiernas pesadillas).
Amó y expuso a lentos trineos el futuro,
jamás quebró las arpas de la hospitalidad,
y celebró en la helada frente de sus recuerdos
la fúnebre liturgia de unos ojos vacíos.
No diré más. Los años devoran la memoria
como dulces pirañas de olvido. Es el rescoldo
que precede a la muerte, la luminaria última.
Boston. Brilla en la sombra un coágulo de plata.
Silencio. El ave sorda de la melancolía.

IDILIO

Dice la dama: «El frío ya no hiere mi cuerpo.
Llega una primavera que no funde la nieve
ni licúa los ríos. Primavera de brazos
y músculos y sables y dentelladas dulces.
Bajo un cálido sueño masculino me olvido.
Y en mi olvido se olvidan mis doncellas y el mun-
[do,
lo que fui y lo que soy, mi nombre y sus aristas.»

Él: «Comienza en tus ojos un combate sin tregua.
Vencida, eres el fuego. Victoriosa, la llama.
Nunca el crimen sagrado me pareció tan bello.»

366

Jaime Siles

Nació en Valencia el 16 de abril de 1951. En 1973 se licenció en Filosofía y Letras (Filología Clásica) en la Universidad de Salamanca, con Premio Extraordinario. Su libro *Canon* obtuvo el «premio Ocnos» de 1973. Becado por la Fundación Juan March amplió estudios en la universidad alemana de Tübingen. Posteriormente trabajó como investigador contratado en el Departamento de Lingüística de la Universidad de Köln. En 1976 se doctoró con Premio Extraordinario por la Universidad de Salamanca. Actualmente es profesor numerario de Lengua y Literatura Latinas en la Universidad de Alcalá de Henares.

OBRAS PUBLICADAS

Poesía:

Génesis de la luz, Málaga, 1969.
Biografía sola, Málaga, 1971.
Canon, Barcelona, 1973.
Alegoría, Barcelona, 1977.

Ensayo:

El barroco en la poesía española. Concienciación lingüística y Tensión Histórica, Madrid, 1975.
Sobre un posible préstamo griego en ibérico, Valencia, 1976.
Léxico de las inscripciones ibéricas, Salamanca, 1979.

Traducción:

Poemas, de W. Wordsworh, en colaboración con Fernando Toda, Madrid, 1976.

Los poemas aquí publicados están extraídos de los siguientes libros: «Tragedia de los caballos locos», de *Génesis de la luz*. «Biografía», de *Biografía sola*. «Ritornello», «Suite marina», «Interiores» y «Parábola de este mismo lugar», de *Alegoría*. El resto de los poemas pertenecen al libro *Canon*.

La poética es una de las dos que el poeta incluyera en la antología *Nueve poetas del Resurgimiento*.

POÉTICA

Poetizar es un acto de Realidad y de Lenguaje: trans-
formar los nombres hasta el sustrato primigenio, inda-
gar tras el concepto originario, pulsar el Ser desde lo
uno hasta lo múltiple, devolver la realidad a la Realidad.

(1974)

TRAGEDIA DE LOS CABALLOS LOCOS

Dentro de los oídos,
                      ametralladamente,
escucho los tendidos galopes de caballos,
                              de almifores perdidos
                                  en la noche.
Levantan polvo y viento,
                      al golpear el suelo
sus patas encendidas,
                  al herir el aire
sus crines despeinadas,
                  al tender como sábanas
sus alientos de fuego.
Lejanos, muy lejanos,
                      ni la muerte los cubre,
desesperan de furia
                     hundiéndose en el mar
y atravesándolo como delfines vulnerados de
      tristeza.
Van manchados de espuma
                    con sudores de sal enamorada,
ganando las distancias
                    y llegan a otra playa
y al punto ya la dejan,
                  luego de revolcarse, gimientes,
después de desnudarse las espumas
                    y vestirse con arena.
De pronto se detienen. Otra pasión los cerca.
El paso es sosegado
                  y no obstante inquieto,
los ojos coruscantes, previniendo emboscadas.
El líquido sudor que los cubría
            se ha vuelto de repente escarcha gélida.

Arpegian sus cascos al frenar
                    el suelo que a su pie se desintegra.
Ahora han encontrado de siempre, sí, esperándoles
las yeguas que los miran.
Ya no existe más furia, ni llama que el amor,
       la dicha de la sangre,
las burbujas amorosas que resoplan
               al tiempo que montan a las hembras.
Y es entonces el trepidar de pífanos, el ruido de
       cornamusas, el musical estrépito
que anuncia de la muerte la llegada.
Todos callan. Los dientes se golpean quedándose
soldados.
          Oscurece. La muerte los empaña, ellos se
               entregan y súbito
como en una caracola fenecida, en los oídos es-
       cucho
un desplomarse patas rabiosas, una nube de polvo
       levantado por crines,
un cataclismo de huesos que la noche se encarga
       de enviar hacia el olvido.

BIOGRAFÍA

Mi ayer son algas de pasión,
luces de espuma.
Y una arena insaciable que devora
los cuerpos submarinos.
Un cielo blando donde beben
las palomas sin rumbo del estío.

MIS LABIOS LLEGAN A LA PLAYA MÁS ALTA

«erutaque ex imis feruet harena fretis»

OVIDIO

Mis labios llegan a la playa más alta, a la arena
más honda, a besar esos átomos, sin espacio, del
aire. Beben la espuma herida por cuerpos temblorosos, acarician las noches de estaño o laterita,
modulan tibiamente el perfil de las voces, las palabras sin rostro de las luces oscuras.
Hay un túnel de sombra más allá de los ojos.
Y un hilo verde dice que la memoria existe. Es la
retina viva que vibra en la garganta, el oleaje
eterno que desconoce límites, el caballo sin freno
que la muerte detiene.

DAIMON ATOPON

I

Se te puede buscar bajo un ciprés de espuma,
en los dedos del aire, metálico del sueño,
en un volcán de pájaros incendiados de nieve
o en las olas sin voz de los peces de plata.

Te ocultas en los ríos,
en las hojas de piedra,
en las lunas heladas.
Vives tras de las venas,
al borde de los dientes,
invisible en la sangre, desnuda, de la aurora.

Te he visto muchas veces arder en los cristales,
saltar en las pupilas,
consumirte en los ecos de un abismo innombrable.

Tu sombra me dio luz,
acarició mi frente,
se hizo cuerpo en mi boca.
Y tu mirada quema, relámpago de hielo,
humo en las cejas,
lava.

II

Árbol de olvido, tú,
cuerpo incesante,
paloma suspendida sobre el vértigo.

Hay una sal azul tras de tus cejas,
un mar de abierto fuego en tus mejillas
y un tic-tac indecible que me lleva
hasta un profundo dios hecho de espuma.

Y es otear el aire,
arañar el misterio,
acuchillar la sombra.

Y te voy descubriendo,
metálica mujer, entre el espino:
un murmullo de sangre transparente
en el rostro perdido del silencio.

III

Por ti la luz asciende a mediodía,
arena prolongada hasta mis labios,
hilo de tierra ardiente y presurosa
donde el espacio brota más intenso.

Es un géiser de espuma,
de interrumpida lava,
de paloma incompleta
que multiplica el aire en dimensión de voces.

Todo es música, nota, diapasón.
Hasta los cuerpos, en la nada, suenan.

EL CORAZÓN DEL AGUA

Remos, mareas, olas.
Un murmullo impreciso perpetúa
la oculta faz del imposible aliento.

Una gota de sal disuelta llama
sobre un pecho pretérito
buscándote.

Un párpado de luces diminutas
donde tus dedos tocan el azogue.

Un latido oxidado que penetra
y lame y teje y corta claridades.

Sólo existir perdido
donde el agua
multiplica su rostro en otras ondas...

CONTRAPUNTO

Una sierpe de luz redonda ciñe
la piedra al aire,
el temblor al vuelo,
y el ala, breve, minuciosa
suena.
El hueco allí comprime
al pulso y lo pulsado
y son una presencia
tersa, que se agiganta,
en hálito y en soplo,
hasta un cuerpo extinguido
de donde vuelve, en ondas,
todo el murmullo aquel
a ser silencio.

CONVENTO DE LAS DUEÑAS

El oscuro silencio tallado sobre el tacto
golpea sin tocar la luz de esta materia,
de esta altura perdida persiguiendo
la eternidad donada a sus figuras.

Un sosiego perenne asciende hasta la música,
difumina los ecos sonoros del espacio
y pulsa, impele, domeña, geometriza
la mágica sorpresa del aire en surtidores.

Infiel al arbotante, a la jamba convexa,
al ritmo que la mano con claridad impone,
deja un aliento verde para llegar al sueño,
al éxtasis que crece desde la piedra en fuga.

Y queda un resplandor, una callada imagen,
un fragmento de tiempo que impreciso se ahonda
y nunca más se ha sido: se está siendo
porque en su dimensión la forma dura.

DEVUÉLVEME, MEMORIA PODEROSA

Devuélveme, memoria poderosa,
la conciencia profunda del instante.
Tocar la cantidad de esencia doble
y no dejar jamás de ser materia.

La posesión de límite que encierro
hacia un espacio sin final me lanza,
que es perfección, dominio, maravilla:
totalidad de ser únicamente.

Quédame, tacto. Sensación, procura
abrir tu eternidad en dos presencias.

RITORNELLO

Nada hay en mí, sino esos horizontes
que alguien dormido contempla desde un mar:
desde otro mar, que acaso ya no existe.

SUITE MARINA

1

La variación de ti
roza el silencio,
por el que un sueño
    suena
la sucesión de mí.

2

Devuélveme mi sombra, cristal puro,
hueco total, espejo transparente.

Devuélveme, translúcido de mí,
el sonido sin nombre de mi sombra.

3

Niégame tu presencia
que quiero ser distancia,
rumor sólo
que dure acompasado
en el vértigo de un aire sin final.

Dáme tu boca,
para enterrarla allí
—sobre la arena—
donde un cielo de espumas
la convoque.

Dáme tu piel,
para que el agua
haga sonar en ella
sus orillas.

Dáme tus superficies,
tus fronteras,
las pupilas del eco
que te habitan.

Dáme, desde tus horizontes,
la plenitud completa de otro mar.

5

Yo paralelo a ti
me voy quedando
—más allá de tu voz—
libre de fondos.

Huye de mí, memoria.
No me traigas
—en tu rumor—
el eco de la sal.

Yo sé que tu presencia va dejando
un aroma de arenas submarinas
y que un túnel de alas me prolonga
por el ritmo sin remos de tu mar.

7

Con qué insistencia de olas
tú me buscas
para hacer de su voz
un firmamento:
el clamor sucesivo de unas voces
por la sola presencia de un lugar.

INTERIORES

I

En el tacto interior de esas gaviotas
hay un eco de sombras que conduce
a una intemperie toda de cristal.

Lo que el aire levanta es su presencia
que, en un compás de luces, se diluye
hacia una abierta y sola identidad.

¡Qué profundo interior éste del aire,
cuyas formas modulan su no ser!

II

¿Qué puede al hombre cautivar, sino la música
que en la quietud la arena en sí eterniza
y las olas tan sólo que a lo lejos
una a una, en su olvido, repite sin cesar?

Como su cuerpo son, también, de sombra
y entre su voz la sal es lo que dura
y ese rumor del eco en transparencia
de quien no sabe de otra eternidad.

¿Puede la música ser algo más que sombras
hechas a la medida de una idea,
talladas en cristal por el que olvida
que hace surgir un dios de entre sus notas?

¿O lo que aquí llamamos música pudiera
muy bien llamarse el ala de una duda
y el paraíso firme que sostienen
interiores columnas de temblor?

PARÁBOLA DE ESTE MISMO LUGAR

El que camina y va
y el que regresa

El que está en lugar
y el que ha venido

El que está inmóvil
y el aquel no ha tornado

El que sólo es el tiempo
de un espacio distinto

El que nunca es el tiempo
ni tampoco el lugar

El que es y no es
el que será y ha sido

El que era agua
y ahora es sólo aire

El que era tierra
y ahora es sólo agua

El que era aire
y ahora es sólo tierra

Informan la materia
de este mismo lugar
donde el que es ya era
y el que será ya ha sido
porque son la materia
de este mismo lugar

Luis Antonio de Villena

Luis Antonio de Villena nació el 31 de octubre de 1951, en Madrid. Se licenció en Filosofía y Letras (Románicas) en 1973. Tras una breve experiencia docente, se dedica ahora a la literatura.

OBRAS PUBLICADAS

Poesía:
>Espejo del Amor y de la Muerte (Antología), Madrid, 1971.
>Sublime Solarium, Madrid, 1971.
>Hymnica, 1.ª edición completa, Madrid, 1979.
>Hymnica (Antología), Málaga, 1975.
>El viaje a Bizancio, Málaga, 1976. Edición definitiva, León, 1978.

Ensayo y Ediciones Críticas:
>Introducción al Dandysmo. (El Dandysmo, Balzac, Barbey, Baudelaire), Madrid, 1974.
>La Revolución Cultural (Desafío de una juventud), Barcelona, 1975.
>Introducción y edición crítica de Pasión de la Tierra, de Vicente Aleixandre, Madrid, 1976.
>Antología general e Introducción a la obra de Manuel Mujica Láinez, Madrid, 1976.
>Dados, amor y clérigos, Madrid, 1978.
>Catulo, Madrid, 1979.
>Oscar Wilde, Barcelona. 1979.

Es colaborador habitual de las revistas Prohemio, Insula y Papeles de Son Armadans.

Narrativa:

>Para los dioses turcos (relatos), Barcelona, 1980.

El poema «C. Kavafis observa el crepúsculo» en *Espejo del amor y de la muerte*. «Tango», «Cenit, fuego...» y «Aeneidos Liber IV» de *Sublime solarium*. «Querubes», «Inicio de elegía» y «Sigfrid Muere», de *Viaje a Bizancio*. El resto pertenece a *Hymnica*.

TAL VEZ, POÉTICA

En literatura —en poesía— me interesan las relaciones, las imbricaciones, entre imaginación y realidad; o variando la expresión, entre cultura y vida. Me interesa el arte que teatraliza la vida —el arte como realidad—, y la vida que se vive como arte —la realidad como imaginada.

Lo cual, a mi ver, conecta con el hedonismo. La poesía me interesa como placer, y el placer —el verdadero placer— ha de constituir una intensidad. Hiperestesia que irá —en la teoría, al menos—de la sensibilidad al texto del poema. El placer intensifica la realidad, y la poesía es una manera —en mi uso— de esa intensificación deseada.

Sigo pensando, por lo demás, que Too late —divisa que ya utilizó Villiers— sienta muy bien a mi actitud ante las cosas, porque si comporta escepticismo y desengaño, si comporta incluso hastío, concede su parte al lujo y a la actitud. Y yo tal actitud —lo he dicho ya— la entiendo como realidad (lo que me hace ser mirado a veces) y aún como filosofía. Porque mi actitud tiene que ver con mi disidencia.

Por lo que —y trato de seguir una línea coherente— junto a los nombres queridos e importantísimos de la literatura universal (que es casi vano nombrar) los que más me interesan son los que tocan —en vigencia de arte— alguna de las, arriba insinuadas, disidencias. Horacio, pero también Estratón de Sardes; Bertran de Born, pero también el clérigo anónimo de Verona; Góngora, pero también Don Juan de Tassis, y Bocángel Unzueta; Verlaine y, además, Samain; Quasimodo o Aleixandre y, además, Sandro Penna y Porfirio Barba-Jacob, en algún momento. La lista podría ser inacabable.

Creo en el minor poet de los ingleses, que suele ser un gran poeta. Y por si esto fuera poco despilfarra además, goza, y entre fulgor de cuerpos y fulgor de palabras hace de su vida un precioso y oculto secreto, a los cuatro vientos. August von Platen, El Barón Corvo y César Moro podrían ser tres nombres más. Y ahora ya, excusadme.

CONSTANTINO KAVAFIS OBSERVA
EL CREPÚSCULO

«s'indovinava la stagione occulta dall'ansia
delle piogge notturne».

S. Quasimodo

Supe alguna vez que lentamente
sueños corvos de dioses araron la tierra,
y todos pensaron entonces en una
ubérrima y dilatadísima abundancia.
Y sí, existen palacios de abundancia,
llamad la noche o el ocaso, labios de
un príncipe donde brotaron joyas.
Mas pensad, pensad muy seriamente
que ya hemos poseído toda clase de túnicas,
inútiles o recamadas, sí, como ese pensamiento
que ahora tienes de monasterios coptos.
Y con todo no somos aún peregrinos
que arriban novedosos a una urbe incendiada.
Detrás de mí, el mar presenta colores
de dientes que nacen tras los blandos
sahumerios con que saludamos cada día.
No, no fructificaron nuestros sueños.
Aquellos dioses eran demasiado
hermosos y demasiado perfectos;
pensad, amigos, que a gentes
como nosotros nacidas en la penumbra
ausente de un joyel antiguo,
nada les importan cinturas o torsos
equilibrados en la regla muy difícil
de la simetría. Humildes, hemos

preferido siempre los muslos adiposos
y oscuros de las torvas diosas fenicias.

Corre el año 410 y Alarico
no tardará ya en saquear Roma.

TANGO

Oh aquella noche en Maxim's era como
tener entre los dedos una copa de kirsch,
el olor de las cerezas, queridísima Eleonora,
tu vestido como un río sin sangre, y el rímel
en tus pestañas como aves tropicales y
nunca más morir.

La orquesta perlaba de silencios el
espacio, tu cintura es como una pulsera,
violetas aromadas con champán de rosas
Hernando's hideaway. Y era como ya nunca
más vivir.

Tus ojos tan bellos y tantas lunas de oro
pendidas de un sedal. Los naipes, el humo del
kifi ruso, tantos crisantemos muertos y el
raso que relumbra como labios de niñas,
gardenias más dulces atravesadas todas
por sístoles de amor.

Eleonora olvida que has muerto o que vas
a morir. El kirsch sabe a cerezas tiernas y
yo no sé jugar al bacarrá. Y hay ponchos negros
en los mármoles para verte pasar. Crepúsculos
tan íntimos, tan suaves, acariciar tu piel
mientras bailamos es como arder en rímel y
sentir que hay un río de ocasos que desciñe
en tus labios alacranes de amor, tan íntimo,
tan suave, como oler por la noche la espuma
del mar.

Rompemos las copas en Maxim's, se funden las
luciérnagas de noche y amamos en silencio

las velas del quinqué.
Estréchame, Eleonora, tu vestido de organza,
ese tono escarlata y aromas desirée. Viviremos
para siempre, para siempre, Eleonora, como esa
noche en que tantos murieron mientras tú y yo
bailábamos oropéndolas con el amanecer. Cre-
[púsculos
y rosas de piano, aquel beso tan grato como llu-
[vias
de estío y el alba color champán, tanta nostalgia
clavada en los escotes. A media luz, tan lento, o
Hernando's hideaway...

CENIT, FUEGO Y NADIR DE GUIDO GOZZANO

Desesperadamente amaba las frondas del ocaso,
la etérea golondrina, tropo o voz del silencio.
Descansaba sus ojos en ópalos de fuego, recortaba
un enjambre de rosas o amaranto en viridarios
verdes como cortinas luengas, como bocas de
[faunos.
Sacerdotes de Persia con los ojos inmensos como
azabaches solos, donde un labio de sangre, un
[sueño,
en el ámbar del vidrio desmayaba las uñas, el
múrice, el polvo de arroz y el fuego de una actriz
de tragedia. Y los pétalos tiernos acercaba a sus
[labios.
Nostalgia de montañas sentía por la sangre,
cincelados abetos que en los brazos del tiempo un
recuerdo albergaban, celindas como lagos sin me-
[moria,
dúctiles, largos, sinuosos y tórridos collares.
La corrupción anida, príncipe del viento, en la be-
[lleza.
En mis brazos se mece como añoranza eterna,
renuncia a todo árbol porque todo es inútil,
y afán de muerte siempre en la voz de las rosas.
Después fue tan sólo tomar el alfanje de su vaina
de oro, encerrar versos tibios en las cajas-desvanes
y arder en la memoria símbolos eternos, columnas,
fustes, capiteles dorados como antorchas o esme-
[raldas
sus ojos entre dioses de oro, sedas, vertumnos,
ninfas de opereta...

Las damas de la corte sangran senos de alondra,
y Heliogábalo muerto —235 de la era cristiana—

sobre el mármol dejó para nosotros, rojos almi-
[nares,
olor de casia dulce y de cerezas...
La corrupción anida, príncipe del viento, en la be-
[lleza.

AENEIDOS LIBER IV, 1971

Ab la dolchor del temps novel...

G. DE AQUITANIA

i con la onra de saber penando
que nunca a Troya ardió fuego tan bello

F. DE HERRERA

Invenciones, paráfrasis, traducción que desliza en circunloquio breve las ansias y temores que ocultan los poetas. Las torres de Cartago en la distancia tus manos me recuerdan perdidas en la niebla, las proas de los teucros, la vanidad del vate que en versos encerraba los ritmos de las ondas...
¡Oh, latiendo está mi corazón como un fúlgido bosque entre las tristes flechas de tu inútil faretra!

Infelix Dido, vaticinios que habitan los bordes de una copa, tus ojos de berilo, longumque pálidos bibebat amorem... Al amor pertenecen las nieves de tu espalda, los arcos de tus cejas, ese afán invisible de atravesar el cosmos cuando incide en tus uñas el fuego más dulcifluo de mis trémulas lenguas.

Brillaban los dopleros en la cima del mundo, tan grácil es el cuento, aventuras de vida narradas por Eneas o más allá de la débil cintura, de los ramos de acanto, de los versos que escribo a la

luz de la lámpara mientras el universo todo se transforma en copero...
Umbrarum hic locus est, somni noctisque soporae.

Resuena entre los juncos una flauta mientras tules se quiebran en plegarias de incienso, las ramas del arak más débiles como barcas de blanco que en noches de relámpagos iluminar supiesen los ríos de tu cuerpo.

Argamasa de Tiro, inventan cada día los donceles del mar, no hablo de Amadís como tus labios el múrice ambarino de los sueños...
Más allá de esta pobre soledad, Dido o Eneas, las niñas se enamoran de la imagen de Ascanio y yo ignoro otra vez por qué intento caminar este inútil camino...
Porque siempre las velas requieren nuevos vientos, lejanas latitudes de colinas de césped, más allá del reino de tus senos, más allá de tus reinos...

Llora Dido lenta en la penumbra de su cuerpo y se escapa la dicha como huye en la montaña el rumor de los besos, las popas de los teucros en lontananza brillan y las olas maderas como conchas murmuran en la espuma...
No es planto o elegía la retórica de hoy cuando la reina llora.

Se apagan las antorchas por la lluvia, el cielo de la tarde donde escribo tibiamente se apaga, el viento entre los bronces de Cartago como huye el amor que nos has buscado entre indolentes ramas...
Escucha, es sucesión de instantes una vida por dardos traspasada, pétalos de rosa que rezu-

man nostalgia y pútridos expiran en la hierba nevando lentamente perfumes como fuertes espadas...

Así Dido temblando un puñal se aproxima y los cisnes retuerce en su memoria del recuerdo. Se destruyen las horas de mi dicha pasada mientras aún más hermosas en las ondas se alejan como flores las naves de los teucros... Corpora viva nefas Stygia vectare carina, se alejan como flores —imposible alcanzarlas o atravesar el río— las naves prodigiosas de los férvidos teucros...

QUERUBES

Entregados al mal y a los deseos,
aman la sangre y los placeres turbios,
el vértigo infinito de los labios,
el peligro que acecha tras las curvas.

Pero su cuerpo es bello y seductores
son sus ojos como ramos de lilas;
hay huertos escondidos en sus labios,
cálidos ríos en su piel nocturna.

Todo se desconoce de su origen.
Son una raza extraña de fulgores
hermosos. Ancho dolor de deseos.

Les darías la vida como un ebrio,
porque hay rosas de amor en sus labios,
y nada importa el mal en cuerpos bellos.

INICIO DE ELEGÍA

No es fácil disponer en materia de afectos.
Ni librarse al momento del recurso torpe
de interjección o enigma, ni es fácil, por supuesto,
eludir el vegetal sagrado de la loa o
el alcázar fugaz del panegírico.
Es gris la tarde. Y semeja que pesa. Géricault,
La barca de la Medusa, esté donde esté, siempre
quisiera estar en otra parte. La belleza
en el viento y todos los árboles desnudos.
Amor, amor ¿qué cuerpo me sugieres desde lejos?
¿Qué sol de llama y piel me vuelves a traer
en el recuerdo? El agua está en sus labios
y el absynto en sus ojos. No es fácil rezagarse
del recuerdo. Una palabra apenas. Pero el mar
está unido ya a tu cabello rubio, el aire
a tu desnudo, y el estío a tus besos, a tu
forma de andar y de decir. A cuanto
la imagen construye aunque el día lo niegue.
Amor ¿qué dulzura de entrega y púber maravilla
me insinúas fugaz desde el largo recuerdo?
Todos los autores agregan que la melancolía no
va acompañada de fiebre, lo que la distingue
del frenesí o delirio y de la melancolía especial
relacionada con la fiebre pestilente. Los caracteres
que la distinguen de la demencia son el temor
y la tristeza, y lo que la diferencia de otras
afecciones comunes en que también existen el
[*miedo*
y la aflicción es que éstos aparecen sin causa.
No es fácil, como decía, disponer en materia de
[afectos.

395

SIGFRID MUERE

Nibelungenlied

En una roca agreste junto al río,
al final de la lucha cae el guerrero.
Desnudo, adolescente apenas, hay
sangre en sus manos, lilas en los ojos,
y el aire mueve lento su rubia cabellera.
Aún guarda el cuerpo la tensión de
la lucha. El calor del músculo. El gesto
heroico. Hay sangre y el aire huele a hierba.
Las águilas extienden sus alas gloriosas
sobre el héroe que dio su vida al amor
y a la belleza. A todos los éxtasis inmensos.
Sigfrido muere. Y nos salva en su gesto.
Joven dios entregado al fuego y a la sangre,
su derrota es victoria. Por él (y por los suyos
                                    [eternos)
cada día alcanzamos la visión de los dioses.
Nosotros, lento Imperio al fin de la decadencia.

DI PAGANI

Deja caer el sol su luz de mediodía,
y enciende cuerpos jóvenes que en el brillo repo-
[san.
Hace el rabel su música sobre la piel dorada,
y el viento se recrea en el cabello negro.
La luz irisa el vello de la espalda,
se filtra entre las piernas como un vino.
Riela cuando el nadador brota del agua.
La belleza se repite en cada estío,
igual y diferente. La luz inviste cada año
nuevos dioses de oro. Veo este ardor ahora,
y lo he sentido. Es elegante agradecer
este efímero don del mundo. Dejar constancia,
sin más, de tanto esplendor. De tanta belleza.

Longo, el que escribiera tan amorosa historia
pastoral, viejo de setenta años, contempla
el oro de la playa, en el estivo ardor de Mitilene.

VIDA DE FILÓSOFOS ILUSTRES

Aprende que emanan efluvios de todas las cosas
[nacidas.
Que todo da luz. Que cada cosa inflama al aire de
[presencia.
El árbol esplende, el mar se irisa, los efluvios se
[cruzan.
Un cuerpo brota llamas, si se hace realidad des-
[nuda
sobre la arena tibia. El río incita al agua. Al júbilo.
Todas las cosas lanzan al aire sus redes de deseos.
Y el hombre debe enredarse en ellos. Arder. Ser
[humo
y combustión y brasa y cellisca en sus breves días.
Unirse a todo cuerpo. Transmutarse en amor. No
[dejar
huir ningún deseo. Árbol o niña, joven o tigresa.
Arder en cada amor. Y amar todo deseo. Y ser,
al final, como Empédocles, fuego, fuego solo,
[fuego
en la alta cumbre, sagrada y estéril, del Etna...

EL CIRUELO BLANCO Y EL CIRUELO ROJO

Museo Atami

Fue afortunado, en verdad, Ogata Korin.
Gozó del esplendor de la juventud en
los barrios de licencia, frecuentó el paladar
sagrado del deseo. Ordenó sus kimonos
en la seda más fina; pintó un fondo
de oro para lirios azules. Refinado y altivo,
no olvidó, sin embargo, artista como era, la me-
[lancolía
fugaz del tiempo que transcurre.
En su madurez, con audaz virtuosismo,
se dedicó sobre todo a la búsqueda estilística.
Creó lacas y biombos. Le hizo célebre
la perfección, el refinamiento de su arte
—lirios, ciruelos, dioses— decorativo.
Debió morir fascinado en la belleza,
rodeado por una seda extraña, tranquilo.
Fue afortunado en verdad, Ogata Korin.
Su vida fue un culto a la efímera
sensación de la belleza. Al placer y al arte.
Y la vida le concedió sentir, ser traspasado
por el dardo febril de la hiperestesia.
Le llamaron excéntrico, dandy o esteta.
Pero no pidió más. Sensación por sensación.
Vivir, sentir, gozar. Sin más problemas.

HECHIZO DE PRESENCIA VIVA

Erguido entre la sombra de la noche,
cultor de un rito antiguo, donde
el sol y el amor se mezclan mutuamente.
Adorador de gemas, mirando arder
la extraña combustión de un ritmo
raro, envuelto en la belleza, a punto
de entrar ya en el éxtasis mágico de
bailarinas y derviches, sedosa
la piel de bronce, negros los ojos, y
el negro cabello lentamente cayendo
por la frente; Heliogabalo, emperador
muchacho, levantado y altivo, ardoroso
el cuerpo y la mirada, todo bronce
y fulgor, perfecta estatua viva, o pasión
nocturna, nos mira con un gesto,
envuelto en la belleza, desde esta
noche que es hoy, ayer, presente antiguo...

* * *

La belleza juega, vivaz, con las máscaras.
Se viste con disfraces. De ayer hace hoy,
de ahora levanta, atrevida, pasados y mañanas.
Nos confunde en su juego. Nos invade
con brillos desconocidos. Nos enseña piedras
nuevas. Deroga el tiempo. Nos sume en
su vórtice fatal, para golpearnos como
el amor, nos hace sangre, y habla,
retórica, de carbunclos que queman y rubíes...

La belleza es la piedra que lanzó David
con su honda, que todavía llega,
engañadora y feliz, como de oro,
desde allá, desde el remoto origen,
atravesando tiempo fugaz y tiempos sucesivos...

PARA HONRAR A IBN QUZMAN, ZEJELERO

¡Cómo te gusta, amigo, meterte en historias de
[ésas!
Citas clandestinas, amores furtivos, cuentos extra-
[ordinarios,
y vidas entre el sobresalto, la cama y las monedas.
Frecuentas (ya lo dicen) los bares apartados y los
[clubs
de noche; bebes, charlas y ves hasta altas horas.
Tienes siempre al retortero dos o tres beldades
[jóvenes,
con quienes haces planes de sexo y de delicias,
[buscando
el mejor momento. Te cuentan lo que hizo aquél,
y qué pasó en tal casa. Te dicen con quién se
[metieron
en cama por la vez primera, y qué sienten, y por
[qué
les gusta (como a ti) el cálido contacto de la piel
[desnuda.
Y tras pláticas, líos y citas curiosísimas,
gozas al final del cuerpo maravilloso aquél, sua-
[vísimo,
perfecto; los labios en sus labios y el grato pelo
[negro.
Y vuelves otra vez a otras historias. Siempre así,
marginales, ardientes, penumbrosas. Porque te
[acuerdas
que viste el otro día el trasero más bello de la
[tierra.
En fin, que por ahí se te ve, de un lado a otro,
en bares y tugurios, en lujosos palacios o en ver-
[benas,

regodeándote feliz con esa gente, de la que sacas
                                              [luego
lo que escribes. (Que eres mirón y truchimán, se-
                                      [gún sabemos.)
Pero te sientes allí vivo como nunca. Sabes que
                                              [palpas
realidad al extender la mano. Y un fruto que mor-
                                               [dido
deja jugo, como ninguno gusta, y jamás decep-
                                             [ciona.

          Por lo demás mis noctámbulos
          amigos, mis camaradas de taberna,
          me aseguran (y hay que creerlo)
          que mis zéjeles se oirán en el Irak,
          y hasta, sin duda, en la dorada Persia.

Colección Letras Hispánicas

Títulos publicados

DE PRÓXIMA APARICIÓN

El trovador, ANTONIO GARCÍA GUTIÉRREZ.
Edición de Carlos Ruiz Silva.
Poesías castellanas completas, FRANCISCO DE ALDANA.
Edición de José Lara Garrido.
Milagros de Nuestra Señora, GONZALO DE BERCEO.
Edición de Michael Gerli.